42 Spaziergänge

Klaus-Dieter Wille

42 Spaziergänge

Historisches in Charlottenburg und Spandau

Verlag Bruno Hessling Berlin

Umschlag: Das unter Denkmalschutz stehende Haus Behnitz Nr. 5 („Heinemann-Haus“), ein 1795 errichteter ehemaliger Fachwerkbau. Foto: Helga Wille

MCMLXXVI

Gestaltung: Rudolf Flämig, Berlin
Satz: Pohlhausen, Düsseldorf
Druck: Photo Copie GmbH, Düsseldorf
ISBN 3-7769-0152-7

Inhaltsverzeichnis

Vorwort

Das öffentliche Interesse an den Problemen der Stadtplanung, des Städtebaus sowie an der Stadtentwicklung in Vergangenheit, Gegenwart und Zukunft hat in den letzten Jahren erstaunlich stark zugenommen. Der Grund hierfür mag vielfältiger Natur sein. Vielleicht sucht der Bürger damit unbewußt eine Antwort auf die Frage: Wie werden wir morgen leben? Vielleicht ist die Ursache aber nur darin zu suchen, daß der Prozeß der Urbanisierung unter ökonomisch entwickelten Verhältnissen vor allem in der technischen Expansion und der damit verknüpften Industrialisierung längst stattgefunden hat.

Als am 20. Januar 1975 in Bonn das „Europäische Denkmalschutzjahr“ mit einem Festakt feierlich eingeleitet wurde, sah der an dem Thema interessierte Bürger mit Aufmerksamkeit auf die Intentionen und Konzepte seiner heimatlichen Baubehörden und Denkmalschutzämter. In Berlin war es nicht anders. Deutschlands alte Reichshauptstadt gehörte nämlich zusammen mit den „Spielzeugstädten“ Alsfeld, Rothenburg, Trier und Xanten zu den Paradebeispielen der Denkmalschützer.

Dennoch ragt der Stadtkoloß aus der Gruppe dieser Städte mit Längen heraus. Inmitten seines industriellen wie auch siedlungsgeographischen Ballungszentrums befindet sich eine Vielzahl von Einzelbauwerken und „Ensembles“, die das bauhistorische Bild dieser Stadt besonders deutlich machen. Sie setzen geschichtliche wie auch landschaftsbedingte Akzente.

Früher, als diese „musealen Zonen“ noch unter die Begriffe Heimat, Wohnung und Nachbarschaft fielen, wurde nicht im entferntesten daran gedacht, diese Kulturzeugen zu erhalten oder zu konservieren bzw. zu sanieren. Die Folge davon

war, daß viele Einzelbauwerke, ja sogar ganze Milieuinseln unter den negativen Einflüssen ihrer Umwelt verfielen und schließlich abgetragen werden mußten. Heute spricht man von „Urbanität", „Lebensqualität" oder „sozialgerechtem Wohnen". Dabei verschwinden die einzelnen baugeschichtlich interessanten Objekte in der Anonymität.
Die Initiatoren des Denkmalschutzes haben sich nun die Aufgabe gestellt, die geschichtliche Tradition ihrer Städte und Gemeinden sowie die eigentliche Identität ihrer Heimat zu bewahren. Wenn daher im folgenden auf eine Reihe Berliner Bauwerke eingegangen wird, so deshalb, weil der Stadtwanderer bei den „Spaziergängen in Charlottenburg und Spandau" den unmittelbaren Kontakt zu diesen Objekten finden soll.
Berlin (West) besitzt 193 unter Denkmalschutz gestellte Bauwerke. Die bekanntesten von ihnen sind die der Stadt erhalten gebliebenen acht Schlösser, die zweiundzwanzig meist aus dem Mittelalter stammenden Dorfkirchen sowie die elf Gutshäuser, die als „Schlösser" zum geschichtlichen Image des jeweiligen Bezirks gehören. Darüber hinaus sind in der vom Senator für Bau- und Wohnungswesen aufgestellten Denkmalschutzliste zahlreiche kleine, meist unscheinbare Bauwerke mit aufgezeichnet, deren historische Vergangenheit kaum der Öffentlichkeit bekannt sein dürfte.
Einigen dieser Baudenkmale sowie jenen, die nicht in der amtlich geführten Liste aufgezeichnet sind, die aber in irgendeiner Form zur Geschichte Berlins gehören, gilt in der vorliegenden Arbeit unsere Aufmerksamkeit. Hierbei wird oft weniger auf die architektonische Gestaltung der Gebäude hingewiesen, vielmehr werden die Besitzverhältnisse der Grundstücke, ihr Standort innerhalb der Berliner Stadtlandschaft sowie die sie umrankenden Legenden beschrieben. Ferner werden einige Kurzbiographien Berliner Bürger, deren Wirken in der Vergangenheit eng mit der Geschichte dieser Stadt verknüpft ist, aufgezeichnet.
Aus der Fülle der in der Stadt vorhandenen baugeschichtlich interessanten Gebäude und der landschaftlich bemerkenswerten Gebiete konnte nur ein kleiner Teil in diesem Buch berücksichtigt werden. Es versteht sich daher von selbst, daß die „Spaziergänge in Charlottenburg und Spandau" nicht

den Anspruch auf Vollständigkeit erheben können. Es wurde der Versuch unternommen, mit Hilfe des bereits publizierten, oft streng wissenschaftlich ausgerichteten Materials sowie durch Übernahme von Erzählungen einen baugeschichtlichen Leitfaden zu erstellen, der als Handbuch dem Spaziergänger eine Orientierungshilfe gibt. Für Interessenten spezifizierter oder volkstümlicher Berlinliteratur möge an dieser Stelle auf Jürgen Grothes Arbeit „Spandau – Stadt an Spree und Havel“ bzw. auf die zahlreichen Veröffentlichungen von Kurt Pomplun hingewiesen werden.
Alles in allem fügen sich die hier beschriebenen Gebäude, Denkmale, Landschaftsformationen und die kurz geschilderten Lebensläufe einiger Berliner „Persönlichkeiten“ zu jenem Mosaikbild zusammen, das die Geschichte der Stadt Berlin so interessant macht.
Dem vorliegenden Buch liegt ein Teil einer Zeitungsserie zugrunde. Seit nunmehr fünf Jahren erscheinen an den Wochenenden in der Berliner Tageszeitung SPANDAUER VOLKSBLATT die „Spaziergänge am Sonntag“. Ursprünglich als zeitlich begrenzte Serie gedacht, haben sich die heimatkundlichen Plaudereien aber inzwischen einen festen Platz in der Zeitung erobert, und der Erfolg, der dieser Serie beschieden ist, ist auf zahlreiche Anregungen aus dem Leserkreis zurückzuführen. Maßgeblichen Anteil an der Gestaltung der Spaziergänge hat der Chef vom Dienst des VOLKSBLATT, Herr Erwin Genz, dem ich für seine liebenswürdige Unterstützung meinen herzlichsten Dank sagen möchte.

Berlin-Wilmersdorf, im Herbst 1975

Klaus-Dieter Wille

II. Charlottenburgs Geschichte in Stichworten

Geographische Lage: Charlottenburg grenzt im Norden an die Bezirke Reinickendorf und Wedding, im Osten an den Bezirk Tiergarten, im Süden an den Bezirk Wilmersdorf einschließlich Grunewald und im Westen an den Bezirk Spandau.

Gebietsumfang: 3.036 Hektar (1974).
Einwohnerzahl: 174.275 (März 1975).

Historische Entwicklung: Erste urkundliche Erwähnung des Dorfes (Lüße – Lützow) im Jahre 1373; aber bereits 1239 wird ein in dem Gelände an der Spree gelegenes Dorf (Lucene = Sumpf, Morast) genannt. Von diesem Flurnamen leitet sich vermutlich auch der Eigenname des Dorfes ab; 1695 Lietzeburg, 1697 Lützenburg, Lützburg, 1704 „das Königl. Schloß Lützenburg nebst der New angelegten Stadt". Das 1695 bis 97 im Auftrag der Kurfürstin Sophie Charlotte errichtete Schloß enthält als Bestimmungswort den Ortsnamen „Lütze". Nach dem Tod der Kurfürstin im Jahre 1705 erhielt Lützenburg im selben Jahr den Namen „Charlottenburg". Gleichzeitig wurde es zur Stadt erklärt: „die Charlottenburg zum Andencken Weyland Unserer Hoch- und Hertzgeliebtesten Gemahlin . . . mit der Stadtgerechtigkeit zu begnadigen und einen Besonderen Magistrat daselbst zu setzen". 1876 schied die Stadt Charlottenburg aus dem Kreis Teltow aus und bildete einen eigenen Stadtkreis. Am 1. 10. 1920 wurde Charlottenburg mit Berlin vereinigt (Schlimpert, 1972).
Der Bezirk Charlottenburg (7. Verwaltungsbezirk von Berlin) umfaßt die einstige Stadt Charlottenburg mit den Villenvierteln Westend und Heerstraße sowie die Siedlungen Ruhleben und Eichkamp (Baedeker, 1964).
WESTEND: Mit dem Bau der Villenkolonie auf dem Gelände des Spandauer Berges wurde begonnen, nachdem sich am 1. 5. 1866 die Kommandit-Gesellschaft Westend konstituiert hatte. 1876 „auf Westend", 1897 Westend, Kolonie. Der Eigenname wurde dem vornehmen Londoner Stadtteil „Westend" entlehnt.

HEERSTRASSE: Aus einem Teil des Gutsbezirks Grunewald-Forst wurde 1914 der Gutsbezirk Heerstraße gebildet, der 1920 an Berlin kam. Der Name des Gutsbezirkes und der in diesem entstandenen Kolonie geht auf eine im Jahre 1910 für die Berliner Garnison zum Truppenübungsplatz Döberitz, Kreis Nauen, angelegte Straße zurück.
RUHLEBEN: 1638 „das Neue Vorwerk bei Spandau", 1654 „vorerwähntes Vorwerk dem gewesenen Vorschneider und Fischmeister Frank von Saldern . . . ad vitam verschrieben", 1697 „Vorwerk Saldern", 1704 „Vorwerck Ruhleben", 1719 „des Spandauer Amtsvorwercks Ruhleben", 1805 Ruhleben, Amts-Vorwerk, 1897 Ruhleben, Domäne. Bei der Flurbezeichnung handelt es sich um einen Wunschnamen.
EICHKAMP: Um 1760 Willmersdorffischer Eichelkamp. 1879 erhielt das im Jagen 58 der Oberförsterei Grunewald neu errichtete Forsthaus den Namen „Försterei Eichkamp". Der Ortsname ist dem Mittelniederdeutschen entlehnt und bedeutet ein aus jungen Eichen bestehendes gehegtes Waldstück.
Unter Denkmalschutz gestellte Bauwerke in Charlottenburg:
1. Luisenkirche, Gierkeplatz, 2. Gustav-Adolf-Kirche, Herschelstraße 14–15, 3. Schloß Charlottenburg mit allen baulichen Anlagen im Schloßgarten und mit der kleinen Orangerie, Spandauer Damm, 4. Alter Marstall, Spandauer Damm 7–9, 5. Alte Schloßkaserne, Schloßstraße 1, 6. Alte Schloßkaserne, Schloßstraße 70, 7. Rathaus Charlottenburg, Otto-Suhr-Allee 96–102, 8. Altes Schulhaus, Gierkezeile 39, 9. ehem. Villa, Alt-Lietzow 28, 10. Funkturm, Ausstellungsgelände am Messedamm, 11. Haus des Rundfunks, Masurenallee 10–14, 12. Olympia-Stadion, Olympischer Platz, 13. Säulenhalle im Park Ruhwald, Spandauer Damm 220, 14. Hotel am Steinplatz, Steinplatz 4, 15. Wohnhaus Schloßstraße 67, 16. Wohnhaus Wulfsheinstraße 8, 17.–23. Wohnhäuser Christstraße 33, 34, 35, 36, 37, 39 und 40, 24. und 25. Wohnhäuser Karolinger Platz 5 und 5a, 26. Portal und Gedenksäule am Jüdischen Gemeindezentrum, Fasanenstraße 79–80, 27. Renaissance-Theater, Zuschauerraum und Umgänge, Hardenbergstraße 6. (Gesetz- und Verordnungsblatt für Berlin, 18. März 1971)

III. Zwischen Zoo, Ernst-Reuter-Platz und Marchbrücke

1. Informationszentren am Zoo.

Neben den vielfältigen Vergnügungs- und Einkaufsmöglichkeiten, die die City West-Berlins bietet, stehen zwei kommunale Einrichtungen den Berlinern und ihren Gästen zur ständigen Benutzung zur Verfügung. Beide Institutionen, das Amerika-Haus und das Informationszentrum Berlin, sind aufgrund ihrer spezifischen Aufgaben längst zu Anziehungspunkten geworden. Beide Einrichtungen dienen der Information und vermitteln darüber hinaus ihren Besuchern einen tieferen Einblick in die dort zur Aufgabe gemachten Probleme.

Die ältere von ihnen ist das Amerika-Haus. Es wurde als Informationszentrum über die USA für die deutsche Bevölkerung am 26. 2. 1946 eröffnet. Sitz dieser Einrichtung war vorerst ein Haus in der Kleiststraße, von wo sie am 3. 6. 1949 in die Einemstraße am Nollendorfplatz verlegt wurde. Durch eine Spende der amerikanischen Regierung in Höhe von 800.000 Mark wurde es schließlich möglich, ein neues repräsentatives Gebäude in der Hardenbergstraße 22/24 zu beziehen. Das Haus in unmittelbarer Nähe des Bahnhofs Zoologischer Garten konnte am 5. 6. 1957 seiner Bestimmung übergeben werden (Entwurf: Senatsbaudirektor Bruno Grimmek).

Die Institution hat sich im Laufe ihres Bestehens zu einer Stätte der Begegnung und zur Vertiefung der deutsch-amerikanischen Beziehungen herausgebildet. Das Haus verfügt über Bibliotheks-, Lese-, Musik- und Ausstellungsräume sowie über Räumlichkeiten für Filmvorführungen und andere Veranstaltungen.

Ein anderes Aufgabengebiet vertritt das benachbarte Informationszentrum Berlin. Gegründet im Oktober 1961 und dem Regierenden Bürgermeister unterstellt, informiert es über alle nichttouristischen Fragen, die Berlin betreffen, wobei der Schwerpunkt der Arbeit darin liegt, selbständige Urteile über die Lage Berlins im In- und Ausland zu fördern. Auch hier werden Filmvorführungen und Vorträge abgehalten. Ferner werden Informationsfahrten, Ausstellungen sowie Gruppendiskussionen und Einzelgespräche durchge-

führt, die den Besuchern der Stadt ein vollständiges Bild von der politisch-wirtschaftlichen Situation Berlins vermitteln wollen.
Zwischen diesen beiden Institutionen befindet sich schließlich das senatseigene Verkehrsamt. Auch hier kann der interessierte Bürger sich über das Leben in Berlin, über Sehenswürdigkeiten der Stadt und über diverse Programme, die in Berlin durchgeführt werden, informieren. Diese „Informations-Triologie“ am Zoo stellt somit eine nicht zu unterschätzende Bereicherung des Berliner Kulturlebens dar.

2. Militärische Tradition in der Jebensstraße.
Die an der Westseite des Bahnhofs Zoo verlaufende Jebensstraße hat trotz ihrer verkehrsgünstigen Lage kaum eine ausstrahlende Wirkung. Im allgemeinen wird das Bahnhofsviertel gemieden. Man geht naturgemäß den suspekten Elementen, die bekanntlich derartige Gegenden bevölkern, gern aus dem Wege. Wer sich dennoch in diese kleine Straße verirrt, der wird von den architektonischen Gegebenheiten, die hier vorhanden sind, verblüfft sein. Neben den großen, repräsentativen Verwaltungsgebäuden besteht hier u. a. ein Berliner Kulturzentrum, das längst die Blicke der Öffentlichkeit auf sich gezogen hat. Außerdem wird der Straßenzug durch ein Denkmal bereichert, eine wahrhaft männliche Gestalt, die schon mancherlei Rätsel aufgegeben hat.
Sie steht in enger Verbindung mit dem eben genannten Kulturzentrum, dessen Geschichte hier ebenfalls kurz skizziert werden soll:
Im Auftrage des Reserve- und Landwehr-Offizierskorps wurde das Denkmal im Jahre 1927 von den Bildhauern Heinrich Rochlitz und Hans Dammann geschaffen. Auf einem rechteckigen Sockel aus Werkstein steht das in Lauchhammer (Sachsen-Anhalt) gegossene Standbild eines idealisierten Krieges. Der eiserne Held, in einen Panzer und einen links übergeworfenen Mantel gekleidet, hält in seinen Händen einen Bidenhänder und einen mit einem Eisernen Kreuz verzierten Schild. Gut erkennbar sind auch die Inschriften an dem Sockel. Sie erzählen folgende Legende: Hans Dammann Grunewald / Heinr. Rochlitz, Lauchhammer – Triariis / Bello Occisis / 1914–1918 / Reserve- u. Landwehr / Offi-

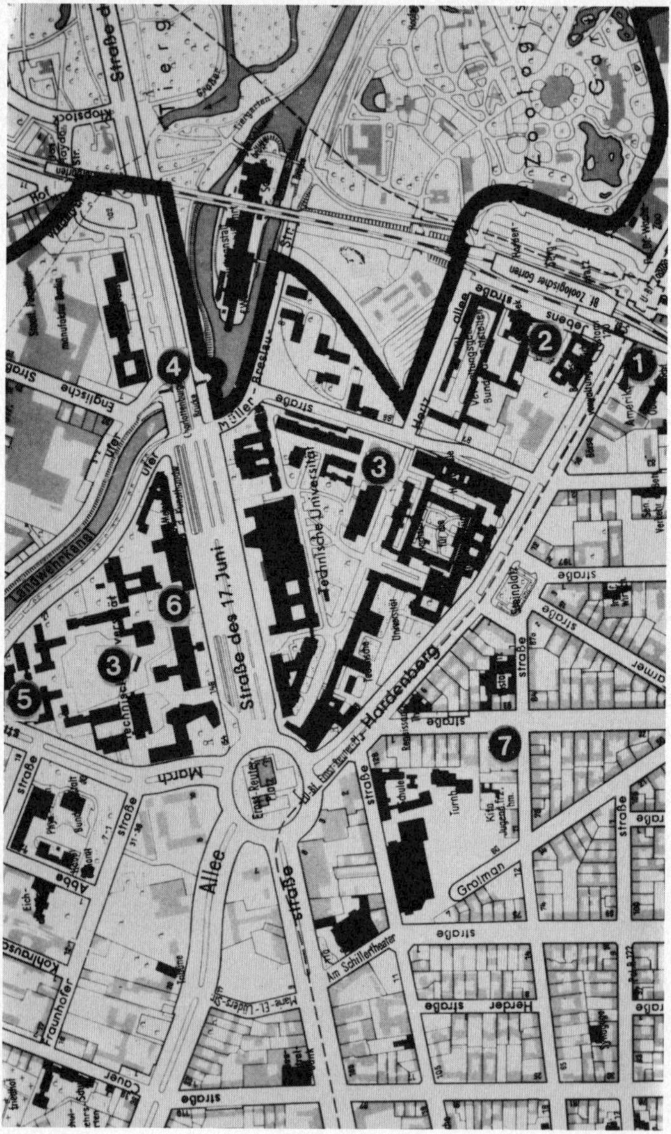
Straße des 17. Juni
Hardenberg
Technische Universität
Ernst-Reuter-Platz
Landwehrkanal
Bf. Zoologischer Garten
Am Schillertheater
Grolman
Herder
straße
March
Allee
Englische
Ufer
1
2
3
4
5
6
7

zierskorps Berlin. Darunter befindet sich ein kleines Relief mit den verschlungenen Buchstaben LRI und eine Krone. Diesem Denkmal gegenüber steht der bereits genannte Bau, der heute die Kunstbibliothek der Ehem. Staatlichen Museen und die Galerie des XX. Jahrhunderts beherbergt. In luftiger Höhe unter dem Dreiecksgiebel des Mitteltraktes liest man folgende Inschrift: „Unter der Regierung Wilhelms II., Deutschen Kaisers, Königs von Preußen, Erb. v. d. Kameradschaftl. Vereinigung d. Offiz. d. Landwehr Insp. Berlin MCMIX." – In der Tat hatte die kameradschaftliche Vereinigung der Offiziere seit 1872 die Errichtung eines Vereinshauses geplant. Ausgewählt wurde nach mannigfachen Überlegungen ein Teilgrundstück der ehemaligen Westeisbahn an der heutigen Jebensstraße, und nach einem ausgeschriebenen Wettbewerb unter den Architekten des Offizierskorps gingen als Sieger Heino Schmieden und Julius Boethke hervor, die schließlich im Herbst des Jahres 1909 den gewaltigen Bau zur Vollendung brachten. Die Einweihung erfolgte am 2. September dieses Jahres in Gegenwart des Kaisers.
Zehn Jahre später wurde der große Festsaal (Kaisersaal) des

Zwischen Zoo, Ernst-Reuter-Platz und Marchbrücke.

1. *Amerika-Haus (Hardenbergstraße 22/24) und Informationszentrum Berlin (Hardenbergstraße 20).*
2. *Denkmal und Kunstbibliotek/Galerie des XX. Jahrhunderts (Jebensstr. 2)*
3. *Bogenhalle der ehem. Borsig-Villa (TU-Stammgelände) und Siemens-Denkmal (TU-Nordgelände, Inst. für Elektrotechnik).*
4. *Charlottenburger Tor (Straße des 17. Juni/Landwehrkanal).*
5. *Marchbrücke über den Landwehrkanal.*
6. *Villen im TU-Nordgelände (ehemals Bellstraße 16/18 und 20).*
7. *Eckhaus Goethe-, Knesebeckstraße 12.*

Fahrverbindungen: S- und U-Bahnhof Zoologischer Garten, Bus Linien 9, 23, 54, 55, 62, 66, 73, 90, 92, 94.

Hauses in ein Theater umgewandelt. In wechselnder Folge hieß die Bühne dann „Theater im Landwehrkasino am Zoo" (1919), „Theater an der Hardenbergstraße" (1920), später schließlich „Theater in der Jebensstraße" und „Neues Theater am Zoo". Nach weiteren baulichen Veränderungen in den Jahren 1921/22 entstand dann unter der Leitung Joachim von Ostaus das „Deutsche Volkstheater". In den nachfolgenden Jahren zog das „Grand Casino Berlin" (1947) mit dem Kabarett „Kleine Bühne am Zoo" in die Räume ein. 1949 erwarb der Senat von Berlin das Haus und etablierte hier die erwähnten musealen Einrichtungen.

3. Borsig und Siemens – Erinnerungen an zwei Berliner Industrielle.

Ein Gang durch die Anlagen der Technischen Universität Berlin kann aus zwei Gründen sehr gehaltvoll sein: einmal vermitteln die zahlreichen wissenschaftlichen Einrichtungen ein Bild von der äußerst aktiven wie auch attraktiven Forschertätigkeit auf fast allen Gebieten der Technik, zum anderen stehen auf dem weitläufigen Gelände zwischen Hardenbergstraße und Landwehrkanal mehrere Architekturelemente, die als Zeugen industrieller Vergangenheit eine beziehungsreiche Verbindung zwischen Lehre, Forschung und Fabrikation darstellen.

Zur Geschichte dieser weltbekannten Institution ist zu sagen, daß die heutige Technische Universität 1946 als Nachfolgerin der Technischen Hochschule Berlin-Charlottenburg gegründet wurde. Diese ging aus der 1799 entstandenen Bauakademie, der 1821 gegründeten Gewerbeakademie und letztlich aus der bereits 1770 gebildeten Bergakademie hervor. – Nach dem Ende des Zweiten Weltkrieges blieb von der traditionsreichen Ausbildungsstätte nicht viel übrig. Zahlreiche Gebäude waren zerstört oder stark beschädigt. Der kontinuierlich vorangetriebene Wiederaufbau hat heute fast alle Spuren der alten Bauten beseitigt. Inmitten dieser Betonlandschaft stehen jedoch einige Architekturreste und Standbilder, die aufgrund ihrer Beziehung zur Technik eine sinnvolle Bereicherung für das Universitätsviertel bilden. Zwei von ihnen mögen an dieser Stelle Beachtung finden.

Als Rest eisenhüttenmännischer Wohnkultur ist jener Archi-

Charlottenburg/Jebensstraße: Denkmal von H. Rochlitz und H. Dammann (1927).

tekturrest zu verstehen, der heute auf dem Stammgelände der Universität steht. Es ist ein Teil der Bogenhalle des ehemaligen Borsigschen Landhauses aus dem benachbarten Moabit. Hier ein kurzer geschichtlicher Überblick über seine Geschichte:

Borsigs Villa stand zusammen mit dem in den Jahren 1847/50 erbauten Eisenwalzwerk auf dem Gelände zwischen der heutigen Elberfelder und Stromstraße, der Spree und der Straße Alt-Moabit. Johann Carl Friedrich August Borsig, 1804 in Breslau geboren, war nach seiner 1823 im Königl. Gewerbeinstitut Berlin erfolgten Ausbildung als Zeichner tätig. Einige Jahre später wurde er Leiter der Eisengießerei in der F. A. Egellsschen Maschinenbauanstalt. Bereits 1837 gründete er sein erstes eigenes Unternehmen vor dem Oranienburger Tor. 1844 beschäftigte er hier schon über eintausend Arbeiter.

Vom Erfolg und Wohlstand begleitet, ließ er durch Heinrich Strack das oben erwähnte Walzwerk errichten. Parallel dazu entstand, ebenfalls durch Strack, auf demselben Grundstück (Alt-Moabit 86) in der Zeit von 1849 bis einschließlich 1870 ein stattliches Landhaus mit mehreren Nebengebäuden. Zwar konnte Borsig die Fertigstellung seines komfortablen Wohnhauses nicht mehr erleben – er starb bereits 1854 – doch ging der gesamte Besitz an seinen Sohn August Julius Albert über, dem schließlich der Ausbau und die Erweiterung des Vatererbes zu dem weltbekannten Unternehmen zu verdanken ist.

Dieses Wohnhaus nun, dem außer einem Festsaal noch zahlreiche andere prächtig ausgestattete Räume beigegeben waren, stand in einem großen, von Peter Josef Lenné angelegten Garten. Das Haus selbst, ein Gruppenbau in spätklassizistischen Renaissanceformen, hatte leicht überhöhte, von flachen Dreieckgiebeln bekrönte Eckvorlagen. Nach rückwärts schloß sich ein flach abschließender Turm, ein Gewächshaus und an der anderen Seite, mit dem Wohnhaus verbunden, eine 1868/70 erbaute Loggia an.

Bis auf wenige Ausnahmen sind Architekturteile und Einrichtungsgegenstände bei der 1911 erfolgten Neubebauung des Grundstücks abhanden gekommen. Ein Teil der beiden den Eingang des Hauses flankierenden Backstein-Bogenhal-

Charlottenburg/TU-Gelände: Rest einer Bogenhalle vom Borsigschen Landhaus (H. Strack, 1858).

len von der ehemaligen Eisengießerei und Maschinenbauanstalt am Oranienburger Tor sind die hier erwähnten Ruinenreste auf dem TU-Gelände. Sie wurden 1858 durch Strack geschaffen und waren bis 1886 dekorative Bauelemente des Borsigschen Landhauses in Moabit. Nach dem Abriß der Fabrik kamen sie auf Empfehlung von Julius Kothe in den Garten der Technischen Hochschule.
Geschmückt ist die Ruine durch mehrere verschiedene Werkstücke aus gebranntem Ton, die u. a. auch von der Bauakademie sowie aus den Werkstätten von Feilner und March stammen. Einige von ihnen sind nach Schinkels Entwürfen gestaltet worden. Darunter befinden sich figürliche und ornamentale Reliefs, Kapitelle und Konsolen mit kleinen Bildwerken. In früheren Zeiten waren die Ecken der Bogenhallen zum Eingang hin mit Figurengruppen aus der Werkstatt Gustav Bläsers geschmückt, die in Anlehnung an Borsigs Tätigkeit Motive aus der Eisengießerei darstellten. Alles in allem stellt dieser Ruinenrest, obwohl er in der Anonymität des TU-Geländes versunken ist, eine liebevolle Erinnerung an den Berliner „Eisenbahnkönig" dar.
„Geboren 1816 in Lenthe bei Hannover, gestorben 1892 in Berlin; 1888 in den erblichen Adelsstand erhoben; war Artillerieoffizier, Physiker, Begründer der Elektrotechnik und Großindustrieller. Von seinen zahlreichen Ehrungen sind zu nennen: Mitglied der Akademie der Wissenschaften (1873) und Pour le mérite (1886)." So stehen in aller Kürze die wichtigsten Lebensdaten über Werner Siemens zu Papier. Darüber hinaus der Nachwelt erhalten sind so fundamentale, seinen Namen tragende Einrichtungen wie beispielsweise die riesigen Werksanlagen in Deutschland und in vielen Ländern der Erde sowie jener Spandauer Bezirksteil, der seit 1899 auch die Berliner Lokalgeschichte bereichert.
Wesentlich unscheinbarer, jedoch nicht nicht weniger beachtenswert ist nun das Siemens-Denkmal auf dem Gelände der TU. Neben dem Eingang zum Institut für Elektrotechnik – nahe Einsteinufer und Landwehrkanal – steht das von Wilhelm Wandschneider im Auftrage des Vereins Deutscher Ingenieure im Jahre 1899 geschaffene Standbild. Die lebensnahe Bronzestatue wurde anläßlich der 100-Jahr-Feier der Technischen Hochschule Berlin-Charlottenburg zusammen

mit dem von Ernst Herter modellierten Standbild Alfred Krupps in den Grünanlagen südlich des Hauptgebäudes aufgestellt und am 19. 11. 1899 feierlich enthüllt.
Nach über siebzig Jahren entschloß sich die Verwaltung der TU im Zusammenhang mit der Errichtung eines Neubaus für das Institut für Elektrotechnik, das Siemens-Denkmal an den heutigen Standort zu versetzen. Seitdem hat das Denkmal auf dem gartenarchitektonisch sehr schön gestalteten Gelände einen würdigeren und auch beziehungsreicheren Platz.

4. Charlottenburger Tor – symbolischer Eingang in eine Stadt.

Berlins „Via triumphalis“ war einst der Straßenzug Unter den Linden – Charlottenburger Chaussee – Bismarckstraße – Kaiserdamm. Zwar bestehen diese Prachtstraßen mit ihren teilweise noch erhaltenen markanten Anbauten heute noch, doch hat sich ihr ursprünglicher Verwendungszweck im Laufe der Jahrhunderte gewandelt. Eine Einschränkung muß allerdings gemacht werden: Die nach den traurigen Ereignissen des Jahres 1953 in „Straße des 17. Juni“ umbenannte Charlottenburger Chaussee dient in letzter Zeit ebenfalls wieder als Paradestraße. Hier defilierten nicht nur alljährlich die alliierten Truppen am Jahrestag der Streitkräfte, hier promenieren auch heute noch Berlins Lebedamen, die dieser Straße ein mehr sinnliches Gepräge geben.
Inmitten dieser neuzeitlichen Nutzung erinnert ein Bauwerk an vergangene Epochen. Das sogenannte Charlottenburger Tor am Landwehrkanal bildet mit seinen mächtigen Dimensionen eine Trennlinie zwischen dem Hochschulzentrum und der landschaftlichen Idylle des benachbarten Tiergartens. Dieses verspielte, nach klassischen Vorbildern erbaute Monument, wurde 1907 nach einem Entwurf Prof. Bernhard Schaedes, Schöneberg, begonnen und im April des darauffolgenden Jahres vollendet. Aus der einst bescheidensten Charlottenburger Brücke ist damals mit einem Kostenaufwand von über einer Million Mark die aufwendigste Brückenanlage dieser Stadt entstanden. Nicht nur, daß die alte hölzerne Klappbrücke durch eine massive Konstruktion ersetzt wurde, auch die übersteigerten Denkmale in Form der gewalti-

gen Toraufbauten waren sicherlich ein Zeichen für die Maßlosigkeit der damaligen Zeit.
Zwei Jahre nach der Vollendung entstanden die auf Anregung Kaiser Wilhelms II. durch den Friedenauer Bildhauer Heinrich Baucke modellierten bombastischen Figuren der Begründer Charlottenburgs: Königin Sophie Charlotte und König Friedrich I. Die überlebensgroßen Bronzestandbilder, die sich auf der Ostseite der Torbauten befinden, stellen heute die einzige metallene Zierde des Tores dar. Vor der Zerstörung im letzten Krieg waren die beiden inneren Torpfeiler noch durch zwei weitere Arbeiten Bauckes geschmückt: „Stürmisches Wasser" auf der Nordseite und „Ruhiges Wasser" auf der Südseite nannte der Bildhauer die allegorischen Bronzegruppen, die als plastischer Schmuck eine weitere Bereicherung des Bauwerkes darstellten. Von ihrer Wiederaufstellung sah man nach dem Kriege wegen der enorm hohen Kosten ab.

Obwohl die symbolischen Torbauten, die einmal die Grenze zwischen der Stadt Berlin und der Stadt Charlottenburg unterstreichen sollten, durchaus keine historische Bedeutung haben, sind sie doch ein Dokument ihrer Zeit. Erwähnen sollte man in diesem Zusammenhang noch eine andere bauliche Veränderung: In den dreißiger Jahren, in denen bekanntlich großangelegte Bauprojekte eine Rolle in der Reichshauptstadt spielten, wurde auch die „Ostwestachse" neuen verkehrsplanerischen Ideen unterworfen. Dieser Straßenzug bestand im wesentlichen aus den oben genannten Verkehrswegen. So fiel auch die Charlottenburger Chaussee in das Blickfeld der Stadtplaner. 1937 wurde die Charlottenburger Brücke abgebrochen. Zwei Jahre später, im Mai 1939, war der Um- und Neubau beendet. Das Ergebnis war, daß trotz Beibehaltung der alten Straßenmaße die Brückenaufbauten infolge Verbreiterung der Hauptfahrbahn um mehrere Meter auseinandergezogen werden mußten. Dabei wurde gleichzeitig das Schiffsgewölbe, welches in 26 Meter den Kanal als Korbbogen überspannte, in ein viereckiges Kastenloch verändert.

5. Baukeramik vom Landwehrkanal.

Wer vom Ernst-Reuter-Platz aus seinen Weg in Richtung Moabit nehmen will, der wird vermutlich die den Landwehrkanal überspannende Marchbrücke überqueren. Sicherlich nichts Außergewöhnliches, wenn nicht dieser Charlottenburger Siedlungsbereich im Zeichen vergangener Berliner Industriegeschichte stände. Die March-Brücke nämlich und die von Süden auf sie zuführende gleichnamige Straße halten heute in bescheidener Form die Erinnerung an den Töpfermeister Ernst March wach, der 1836 in der nach ihm benannten Straße eine Tonwarenfabrik gründete.

Ernst March (1798–1847), in Pommern geboren und dort der Landarbeit überdrüssig geworden, kam Anfang der 20er Jahre des vergangenen Jahrhunderts nach Berlin und erlernte hier bei dem Ofenfabrikanten Tobias Feilner (1773–1839) das Töpferhandwerk. Dank seines großen Fleißes und seiner künstlerischen Begabung fand er die Zeit, sich in Abendlehrgängen an der Kunstakademie weiter zu bilden. Nach Abschluß der Kurse begannen für March die Wanderjahre, die ihn u. a. nach England und Frankreich führten.

Von dort zurückgekehrt, trat er wieder in die Dienste von Feilner. Ursprünglich als dessen Nachfolger vorgesehen, entschloß sich March jedoch, den privaten Kontroversen mit Feilner auszuweichen, und gründete am 1. Januar 1836 auf dem damals unbebauten Tiergartenfeld eine eigene Tonwarenfabrik. Seiner Tüchtigkeit war es zu verdanken, daß das junge Unternehmen in kurzer Zeit einen raschen Aufschwung nahm. Im Vordergrund seiner Arbeiten stand jetzt die künstlerische Baukeramik, von der heute noch an zahlreichen öffentlichen Bauten („Rotes Rathaus“ und Schulhäuser aus der Ära des Stadtbaurates Blankenstein) Zeugen vorhanden sind.

Nach dem Tode Marchs führten seine Söhne Paul und Emil (ab 1865) das Lebenswerk ihres Vaters weiter. Nunmehr unter dem Einfluß Schinkels stehend, wurde die Fabrikation der Töpferei auf Terrakottenschmuck umgestellt. Einige Jahre später, etwa zwischen 1880 und 1895, lebte als Stilrichtung die Neo-Renaissance auf, die eine erneute Geschmackswende brachte und damit gleichzeitig neue Anforderungen an die Firma „Ernst March Söhne“ stellte.

Inzwischen war Paul Marchs Sohn Albert in das Unternehmen eingetreten. Die Töpferei produzierte nun keramische Industrieerzeugnisse. Um die Jahrhundertwende ging die Töpferei von Ernst March schließlich in der Deutschen Ton- und Steinzeugwerke AG. auf, die die Fabrikation in Charlottenburg einstellte.
Übriggeblieben von der Marchschen Aktivität am Landwehrkanal ist heute die nach Ernst March benannte Brücke, die von ihm bereits Anfang der 1840er Jahre als hölzerner Übergang zum nördlichen Gewerbeviertel im Spreebogen geschlagen wurde. Sie war damals die dritte öffentliche Brücke der Stadt Charlottenburg. 1890 wurde der mit einer mittleren Ziehklappe versehene Übergang durch eine stabilere, ebenfalls aus Holz bestehende Brücke ersetzt, wobei gleichzeitig Straßenbahngleise eingebaut wurden.
Im Februar 1911 entstand dann das heutige Bauwerk. Nach den Konstruktionen des Stadtbaurates A. Bredtschneider wurde die Brücke unter dem für die Architektur verantwortlich zeichnenden Stadtbaurat Heinrich Seeling in drei Öffnungen über dem Landwehrkanal ausgeführt. Den Bildhauerschmuck besorgte nach Seelings Zeichnungen die Firma Hinrichsen und Isenbeck, die Bauausführung das Unternehmen Comet aus Stettin. 1912 konnte die Brücke dem Verkehr übergeben werden. Nach Behebung der Kriegseinwirkungen präsentiert sich die March-Brücke heute wieder in ihrer ursprünglichen Form. Der hübsche plastische Schmuck an den Korbbögen der Seitenteile, die stilechten Gaskandelaber sowie die halbrunde Pergola auf der einen und das kleine, viereckige, fast turmartige Häuschen mit dem zierlichen kupferbeschlagenen Mansardendach auf der anderen Straßenseite geben der Brücke eine fast anmutige Form, die es verdient, selbst in der Hektik des vorbeibrausenden Verkehrs näher betrachtet zu werden.

6. Ehemalige Cottage-Häuser im Nordgelände der TU.

Zwei Charlottenburger Villen möge jetzt unsere Aufmerksamkeit gelten. Beide Häuser, dicht nebeneinander gebaut, sind der Öffentlichkeit kaum bekannt. Sie liegen im sogenannten Nordgelände der Technischen Universität und sollen im Laufe der notwendiggewordenen Erweiterung des

Charlottenburg/TU-Nordgelände: ehem. Cottage-Häuser in der Bellstraße Nr. 16/18 und 20.
Erbaut durch H. Kayser und K. von Großheim, 1905.

Universitätsgeländes eines Tages abgerissen werden. Es sind die Häuser der ehemaligen Bellstraße Nr. 16/18 und Nr. 20, die früher, als diese Straße noch „Sophienstraße" hieß, zum Charlottenburger Establishment gehörten. Lassen wir daher die Entstehungsgeschichte der beiden Gebäude an uns vorüberziehen.

Im Jahre 1905 wurde auf dem Terrain des ehemaligen Ausstellungsgartens der Marchschen Tonwarenfabrik für den Verlagsbuchhändler Georg Stilke eine pompöse Villa gebaut. Die Ausführung des stattlichen Wohnhauses (Bellstraße 16/18) lag in den Händen der Architekten Kayser und von Großheim, die mit ihrer Schöpfung hier den Auftakt zu den „Dreifenster-Häusern" gaben. Der Bau, der in ein Erdgeschoß, zwei Obergeschosse und ein ausgebautes Dachgeschoß unterteilt war, bekam als äußere Attribute eine Verkleidung in Form von weißen Verblendziegeln, wobei die Gliederungen in Sandstein ausgeführt wurden. Das Dachgeschoß wurde in Fachwerk gestaltet. Als Blickfang erhielt das Gebäude ein malerisches Dach mit Giebel, kleinen Dachfenstern und seitlicher Kuppel.

Bemerkenswert an diesem Grundstück war der auf der Gartenseite gelegene große, über zwei Geschosse reichende Speisesaal, von dem eine Treppe in den anschließenden Salon im ersten Obergeschoß führte. Analog zu dieser räumlichen Aufteilung wurde der rückwärts gelegene Garten gestaltet. Im Auftrage des finanzstarken Besitzers entstanden auf dem Gelände eine Lawntennis- und Bocciaanlage, ein Kinderspielplatz, eine Laube, eine Sitzbank und ein Gemüsegarten.
Die geschmackvolle Gestaltung der Stilke-Villa wurde zum Anlaß genommen, auf dem noch unbebauten Gelände weitere Landhäuser zu erbauen. Zeichneten für den ersten Bau die Privatarchitekten Heinrich Kayser (1842–1917) und Karl von Großheim (1841–1911), die neben großen Geschäftshäusern auch zahlreiche Schlösser, Villen und Wohnhäuser überwiegend in den Formen des Barocks, später dann in dem wiederauflebenden Klassizismus erbauten, verantwortlich, so erhielten sie als Nachfolger ihrer Bauideen keinen Geringeren als den schon längst durch Kirchen-, Theater- und Sportbauten hervorgetretenen Otto March (1845–1913).
1904/05 entstand nach seinen Plänen auf dem angrenzenden Grundstück die Villa für Dr. J. F. Holtz, – und mit diesem Bau begann die Reihe der hinter einem schmalen Vorgarten liegenden eigentlichen Cottage-Häuser. Die individuelle Gestaltung war hier vordergründig: Ein seitlicher Erker, ein betonter Eingang in der Mitte mit großem abschließenden Giebel bildeten das Äußere. Im Innern befand sich ein kleiner Lichthof mit Treppenhaus und großer Diele mit Oberlicht.
Mit nur 15 Metern Straßenfront wirkte dieser Bau neben dem stattlichen Wohnhaus des Verlegers klein und bescheiden; er war jedoch ein gelungener Versuch einer Nachahmung der englischen Landhäuser, deren typische Bauweise in Charlottenburg erstmals zur Anwendung kam.

7. Knesebeckstraße Nr. 12: Ein Wohnhaus aus der Jahrhundertwende.

Vor wenigen Monaten liefen im bundesdeutschen Fernsehen mehrere Romanverfilmungen die fast die ganze Nation in den Fernsehsessel bannten. Urheberin dieser literarischen Ergüsse war keine Geringere als die einst sehr beliebte Un-

Charlottenburg/Knesebeckstraße 12: repräsentatives Wohnhaus von 1893. Erbaut durch B. Hellwag.

terhaltungsschriftstellerin Hedwig Courths-Mahler (1867–1950), und diese lebte von 1915 bis Ende der zwanziger Jahre in dem Charlottenburger Haus Knesebeckstraße 12. Hier, in der zweiten Etage, mit Blick auf die Goethestraße, hat sie auch einen großen Teil ihrer mehr als zweihundert Bände umfassenden Romane geschrieben.
In dem einst repräsentativen Wohnhaus lebte außerdem noch ein kleiner Teil der damals arrivierten Charlottenburger Gesellschaft. Aus dem Adreßbuch des Jahres 1898 entnimmt man die Namen einer illustren Gesellschaft: zwei Versicherungs-Directoren, ein Commissions-Rath, zwei Universitäts-Professoren, ein Wollwarenhändler, ein Uhrmacher sowie je ein Grünkram- und Colonialwarenhändler zählten zu den Bewohnern des Hauses. Aber auch der Sieger von Coronel, Vize-Admiral Maximilian Graf von Spee (1861–1914), bewohnte das Gebäude in der Knesebeckstraße.
Für ihn, der am 1. November 1914 mit seinem Ostasiengeschwader siegreich kämpfte und kurze Zeit später, am 8. 12. 1914, seinem Gegner unterlag und zusammen mit seinen

Söhnen am selben Tage vor den Falklandinseln unterging, hat man keinen Hinweis an dem inzwischen restaurierten Gebäude angebracht. Sein Andenken wird allenfalls in den Geschichtsbüchern festgehalten. Ebenso fehlt eine Gedenktafel für Hedwig Courths-Mahler. Warum eigentlich? Man hat viel weniger bekannten Menschen ein bleibendes Denkmal gesetzt. Die Romanciere war doch wohl zu ihren Lebzeiten eine über die Grenzen Berlins bekannte Persönlichkeit. – Doch kehren wir in die Realität unserer Tage zurück. In der von zahlreichen Gewerbebetrieben genutzten Knesebeckstraße ist zweifellos der größte Blickfang das Haus Nr. 12.

Die im Zuge der im letzten Jahr abgeschlossenen Restaurierung des Gebäudes ebenfalls aufpolierte Stucktafel nennt den Bauherrn und den Architekten sowie das Baujahr. Man erfährt, daß das Haus 1893 fertiggestellt wurde; Bauherrn waren der Fabrikant Emil Müseler aus Berlin und der Schöneberger Rentier J. Fröhlich; als Architekt zeichnete B. Hellwag verantwortlich. Ein Jahr zuvor wurde der Bauauftrag genehmigt und im August des selben Jahres von dem Maurermeister und Architekten Hugo Maaß begonnen.

Auffallend an dem unter der Obhut der Berliner Stadtbildpflege wiederhergestellten Gebäude ist neben dem farbfrohen Kontrast der Außenfassade (rotbrauner Backstein und weißer Verputz) die reiche Stuckornamentik sowie das imposante Eingangsportal. Dieses betritt man durch eine verglaste, mit schmiedeeiserner Kunstschlosserarbeit ausgestattete Tür, die über eine ziemlich steile Marmortreppe den Weg in den z. T. mit Holz verkleideten Hausflur freigibt. Alles in allem ein vortrefflicher Ausdruck Alt-Berliner Bautradition und darüber hinaus eine liebenswürdige Erinnerung an vergangene Architekturformen, die vielleicht mehr Aufmerksamkeit in unserer Zeit erlangen würden, wenn ein Hinweis auf die ehemaligen Bewohner dieses Gebäudes vorhanden wäre.

IV. Im Schloßbezirk

1. Charlottenburger Impressionen.
Der Ausflug beginnt auf dem Gierkeplatz. Hier dominiert als markantester Punkt die im Jahre 1716 eingeweihte Luisenkirche. Unter der Regentschaft König Friedrich I. wurde der Bau eines zweiten Charlottenburger Gotteshauses durch den damaligen Oberbaudirektor Philipp Gerlach konzipiert (1708). Der Neubau dieser Kirche war notwendig geworden, weil einmal die Lützower Dorfkirche für die ständig anwachsende Charlottenburger Gemeinde zu klein zu werden drohte, zum anderen befürchtete der König, daß sich Lutheraner und Reformierte immer mehr von einander abwenden könnten. Die neue Charlottenburger Parochial-Kirche wurde demzufolge als Simultankirche für beide Glaubensrichtungen bestimmt.

Friedrichs Nachfolger, König Friedrich Wilhelm I., dem der Kirchenbau zu langsam voranschritt und der aufgrund seiner Sparsamkeit überhöhte Kosten befürchtete, legte bereits 1713 die Leitung des Projekts in die Hände des Schlüter-Schülers Martin Heinrich Böhme. Gerlachs Entwurf wurde aus den genannten Gründen abgeändert. Als am 12. Juli 1716 die Luisenkirche durch Propst Michael Roloff feierlich eingeweiht wurde, hatte zwar die Charlottenburger Gemeinde ein neues Gotteshaus erhalten, jedoch präsentierte sich ihnen jetzt ein nahezu schmuckloses und vor allen Dingen turmloses Gebäude. Für 6100 Taler – ursprünglich waren 10.000 Taler veranschlagt – konnten sie eben keine Prunkkirche erwarten!

Über hundert Jahre später, inzwischen war Friedrich Wilhelm III. König von Preußen, wurde durch Karl Friedrich Schinkel für die stolze Summe von 12.000 Talern ein Turm beigefügt. Nach Anbau und Renovierung fand am 11. Juni 1826 die zweite Einweihung der Kirche statt. Bei dieser Gelegenheit erhielt die Parochial-Kirche auf Bitten der Bevölkerung den Namen „Luisen-Kirche“, der die Erinnerung an die verstorbene Königin wachhalten sollte. – Während des Zweiten Weltkrieges wurde der Sakralbau stark in Mitleidenschaft gezogen. Nach der 1956 abgeschlossenen Wiederherstellung des Gotteshauses zeigt die Luisenkirche wieder

Charlottenburger Verbindungskanal
Ufer
Kaiserin-Augusta-
Straße
Sömmering
Spreebord
Am
Charlottenburger
Ufer
Wintersteinstraße
Otto-Suhr-
Damm
Kaiser-Friedrich-
Schloß
Luisen-
platz
Neue Christ
Nehring
Danckel
mann
Gardes-du-Corps-Str.
Am Bahnhof Westend
S-Bf Westend
Schloß
garten
Karpfen-
Teich
Belvedere
Heubner
weg
Mollwitzstraße
Sophie-Charlotten-
Osnabrücker
Mindener
Bonhoeffer
Weg
Tauroggener
Mierendorffstraße
Nordhauser
Kepler
Schwarzer
Jlsenburger
Wernigeroder
Goslaer
Platz
Darwin
Röntgenstraße
Galvani
Guericke
Jburger
Arco
straße
Lohmeyer
Gierke
Nithack
Schustehrus
Klausener-platz
Herschel
1
2
3
4
5

ihr historisches Antlitz; nur erinnert der neugestaltete Innenraum an die zweckgebundene Nüchternheit unserer Tage.
Wenige Schritte von der Kirche entfernt steht in der Gierkezeile Nr. 39 das älteste Schulhaus der Stadt Charlottenburg. Es wurde 1786 erbaut und dient heute, nach Instandsetzungsarbeiten (1957) und der Umbenennung (1959) in „Alfred-Grotjahn-Haus" der Landesstelle Berlin gegen die Suchtgefahren e.V. In diesem Haus unterrichtete einst der unermüdliche Pfarrer und erste Chronist Charlottenburgs Johann Gottfried Dressel eine Handvoll mehr oder minder begeisterter Kinder.
Von dem massiven Putzbau des Schulhauses, über dessen Türsturz noch die gut lesbare Inschrift: Schul Haus / 1786 1831 erkennbar ist, sind es nur ein paar Meter zur nahegelegenen Schustehrusstraße. Hier, auf dem Grundstück Nr. 13, findet der Spaziergänger einen der romantischsten Winkel Charlottenburgs. Das etwa 200 Jahre alte Gebäude war einst, als die Straße noch Scharrenstraße hieß, eine Poststelle. Es wird erzählt, daß Königin Luise hier auf ihren Wegen vom Berliner zum Charlottenburger Schloß oft eine Rast einlegte und die Pferde vor ihrer Kutsche wechseln ließ. Die breite Toreinfahrt zum Hof läßt auch vermuten, daß das Haus ein Gasthof mit der damals üblichen Ausspannung gewesen ist.
Um 1800 ging das Grundstück in den Besitz der Familie Eckmann über. Ernst Eckmann war es, der um 1870 eine bei allen Charlottenburgern beliebte Vergnügungsstätte auf sei-

Im Schloßbezirk.

1. *Gierkeplatz und Schustehrusstraße 13.*
2. *Christstraße und Wulfsheinstraße 6.*
3. *Schustehruspark (zwischen Schustehrusstr., Kaiser-Friedrich-Str., Am Park und Schloßstraße).*

Fahrverbindungen: Bus-Linien 21, 74, 89.

4. *Gefallenen-Denkmal und ehem. Villa (Standesamt) Nr. 28 in Alt Lietzow.*

Fahrverbindungen: Bus-Linien 54, 55, 62, 86.

5. *Wohnhaus (Kindertagesstätte) Tegeler Weg 21.*

Fahrverbindungen: Bus-Linien 21, 55.

Charlottenburg/Schustehrusstraße 13: ehem. Gasthof (Ausspann) aus der Zeit um 1775.

nem Gelände schuf. Viele Jahre erfreuten „Eckmann's Festsäle" die Bevölkerung, bis dann im letzten Krieg der Schlußstrich unter dieses Etablissement gezogen wurde. 1943 fiel das Gebäude den Bomben zum Opfer. Die Eckmannschen Erben veräußerten das Grundstück schließlich an das Ehepaar Metschke. Nach eingehender Renovierung wird das Haus heute als Wohn- und Geschäftshaus genutzt. Erhalten geblieben an dem alten Gemäuer ist der idyllische Innenhof mit rankenden Weinreben und Springbrunnen, der inmitten des Häusermeers ein hübsches Stück Charlottenburger Romantik bewahrt.

2. Christstraße – ein Zeichen vorbildlicher Stadtbildpflege.
Neben der Neuen Straße in Tempelhof gibt es in West-Berlin einen weiteren Straßenzug, in dem eine Vielzahl von Wohngebäuden unter Denkmalschutz gestellt worden sind. Es ist die Christstraße in Charlottenburg, die aufgrund ihrer vorbildlich restaurierten Hausfassaden lange Jahre hindurch als Aushängeschild der Berliner Stadtbildpflege diente. Oft wurden die vom Äußeren sehr ansprechenden Gebäude als

„Biedermeier-Häuser" bezeichnet, jedoch ist diese Bezeichnung falsch, da bekanntlich die Biedermeierzeit etwa im zweiten Viertel des 19. Jahrhunderts lag, die Gebäude in der Christstraße dagegen erst zwischen 1872 und 1875 erbaut wurden. Nur ein Haus in der benachbarten Wulfsheinstraße entstand 1825. Dieses Wohnhaus (Nr. 6) ließ sich der Gastwirt und ehemalige Königl. Vorreiter W. Paul von dem Maurermeister Thiele in der damaligen Jägerstraße erbauen.
Die Miethäuser in der Christstraße – sie hieß bis 1870 noch „Braunsche Privatstraße" – die mit wenigen Ausnahmen den letzten Krieg fast unversehrt überstanden haben, bilden heute für Charlottenburg ein sonst kaum mehr anzutreffendes Bild einer derart komplexen Originalbebauung. Dieser Tatsache ist es zu verdanken, daß sieben Häuser unter Denkmalschutz gestellt wurden. In den Akten des Bauaufsichtsamtes des Bezirks findet man folgende Baubeschreibung:
„Die spätklassizistischen dunkelgrauen Putzbauten – die Straßenseite mit fünf bis acht Achsen – haben fast sämtlich ein niedriges Sockelgeschoß (manchmal mit Kellerhals), ein hochgelegenes Erdgeschoß und zwei, seltener drei Obergeschosse. Der Eingang fast stets in der Mitte, oft als Durchfahrt. Auf der Rückseite des Grundstücks meist ein für sich stehendes Quergebäude, einige Häuser mit einem rückwärtigen Seitenflügel, seltener mit daran anschließendem Quergebäude. Die Entwürfe für die Häuser stammten von mehreren auch sonst in Charlottenburg mit Wohnhäusern vertretenen Maurermeistern und Architekten, die zugleich auch die Häuser ausführten. Einige erst niedriger errichtete Häuser wurden in Anpassung an die etwas später entstandenen um ein oder zwei Geschosse erhöht."
Soweit die amtliche Schilderung. Die Maurermeister Ernst George, Ernst Schuffenhauer, Mair Rolph und L. Mertens waren die aktivsten Baumeister der damaligen Zeit und es ist ihnen zu verdanken, daß die Christstraße mit ihren Mietshäusern heute als Zeugnis vergangener Baufreudigkeit gelten kann.

3. Rund um den Schustehruspark.

Kurt Schustehrus (1856–1913), verdienter Oberbürgermeister der Stadt Charlottenburg, ist nicht nur der Namenspatron einer kleinen Parkanlage in diesem Bezirk, ihm zu Ehren wurde auch die frühere Scharrenstraße in Schustehrusstraße umbenannt. Von dieser Stelle aus wollen wir drei von der Heimatgeschichte her interessante Objekte berühren, die – zumindest für Charlottenburger Verhältnisse – eine recht interessante Vergangenheit haben. Gemeint sind der genannte Park, die ehemalige Villa Oppenheim sowie die alte Sophie-Charlotte-Schule.

Um 1840 stand auf dem heutigen Grundstück Schustehrusstraße 39/43 ein Wohnhaus, das dem Königl. Kammerherrn und Legationssekretär Graf von Kameke gehörte. Wenige Jahre später (1845) wechselte das Grundstück seinen Besitzer. Neuer Eigentümer wurde der Königl. Geh. Kommerzienrat und Bankier Alexander Mendelsohn. Dieser ließ auf dem Grundstück der „Villa Sorgenfrei“ – so der überlieferte Name – nach Abbruch einiger alter Baulichkeiten den 28.000 m² großen Besitz durch neue Architekturen bereichern. So wurden zwischen 1850 und 1872 ein Orangenhaus, ein Fachwerkgebäude, zwei Torhäuser, ein sogenanntes Glashaus und ein Gewächshaus errichtet.

Anfang der 80er Jahre ging der Besitz an Margarethe Oppenheim, geb. Mendelsohn, über. Sie und ihr Mann, der Obertribunalrat O. G. Oppenheim, ließen kurzerhand die Villa Sorgenfrei abreißen und in den Jahren 1881/82 durch Christian Heidecke das heute noch stehende Haus erbauen. Mit der Ausführung dieser weitaus größeren Villa wurden in dem riesigen Gelände Stall- und Remisengebäude, zwei Treibhäuser und eine hölzerne Kegelbahn angelegt.

1911 wurde das Grundstück von dem Geh. Kommerzienrat Hugo Otto Joseph Oppenheim an die Stadt Charlottenburg verkauft. Bis auf die Villa wurden sämtliche auf dem Grundstück befindlichen Anbauten abgetragen und der angrenzende Privatpark in eine öffentliche Parkanlage umgestaltet.

Der trapezförmig verlaufende, in einer Senke liegende Park wurde nach größeren und äußerst kostspieligen Veränderungen (die Höhe der Kosten betrug 37.000 Goldmark!) im Jahre 1914 der Bevölkerung übergeben. Die gartenarchitektonische Gestaltung lag in den Händen des bewährten Charlottenburger Gartendirektors Prof. Erwin Barth. Noch heute ist der alte Baumbestand vorhanden, Ruhebänke, Steinvasen

und ein Staudengarten vervollkommnen darüber hinaus den trotz seiner Schlichtheit reizvollen Park, der zu einer Oase in der Großstadt geworden ist.
Dem Schustehruspark zugekehrt liegt nun die Hauptseite der ehemaligen Sophie-Charlotte-Schule. Der zweiflügelige, in rote Verblendziegel gekleidete Bau entstand 1915 unter Leitung des Magistratsbaurates Hans Winterstein. Der Mittelrisalit der Parkseite hat im zweiten Obergeschoß fünf große Rundbogenfenster. Hier befinden sich auch die schmiedeeisernen Lettern, die das Baujahr des Gebäudes ausweisen. Das Schulgebäude, dicht an der Parkanlage, hat sich dem Siedlungsbereich harmonisch eingefügt. Es bildet zusammen mit den vorher genannten „Objekten" eine gewisse Einheit, zumal auch seine Entstehung so unmittelbar mit dem Grundstück der alten Villa Sorgenfrei zu tun hat.

4. Nach Alt-Lietzow.
Der Name Lietzow symbolisiert heute die historische Vergangenheit Charlottenburgs, doch ist außer dem prachtvollen Schloßbau am Spandauer Damm kaum noch etwas von dem Alten, Traditionellen in diesem Bezirk vorhanden. Dafür gibt es aber eine Anzahl von jüngeren Baudenkmalen, die dank ihrer Entstehungsgeschichte einige interessante Kapitel aus der Entwicklung Charlottenburgs bilden. Zwei von ihnen stehen u. a. an der als Dorfaue deklarierten Straße Alt-Lietzow. Es sind das imposante Gefallenen-Denkmal und ein ehemaliges Wohnhaus, das heute als Standesamt des Bezirks genutzt wird, zwei Bauten, die immerhin gute hundert Jahre alt sind.
Das Denkmal ist eine Stiftung der Bürger der Stadt Charlottenburg, die im Gedenken an ihre Gefallenen während der Kriege 1864, 1866 und 1870/71 das Standbild durch den Baumeister Hubert Stier ausführen ließen. Beherrscht wird es von einem Löwen, der vermutlich eine Arbeit des Bildhauers Albert Wolff ist. Am 22. März 1873 fand die Grundsteinlegung statt, und zwei Jahre später, am 2. September 1875, wurde das in spätklassizistischen Formen gehaltene Denkmal feierlich enthüllt. Relativ unbeschädigt hat das Mahnmal den letzten Krieg überstanden. Von den ursprünglich drei Bronzetafeln, die einst am Sockel angebracht waren, fielen

Charlottenburg/Alt-Lietzow: Kriegerdenkmal von A. Wolff (1875) auf der ehem. Dorfaue.

zwei Schrottdieben zum Opfer. Die noch verbliebene Tafel trägt folgende Widmung: Den in den glorreichen Kaempfen für König u. Vaterland 1864, 66, 70 u. 71 gefallenen Kriegern dieser Stadt. Die Bürgerschaft Charlottenburgs, 1875.
Nahebei, auf dem Grundstück Alt-Lietzow 28, steht das 1864 errichtete ehemalige Wohnhaus des Charlottenburger Holzhändlers Carl Kogge. Obwohl der Baumeister des 1954 unter Denkmalschutz gestellten Gebäudes nicht bekannt ist, lassen die spätklassizistischen Formen des Hauses auf einen Architekten aus der Umgebung der damals bekannten Baumeister Hitzig und Knoblauch schließen.
1891 fiel das Grundstück an den Bankier Volkmar. Knapp zwanzig Jahre sollte die Villa in seinem Besitz bleiben bis sie dann, nach kleineren baulichen Veränderungen 1910 von der Stadt Charlottenburg übernommen wurde. Nach 1945 zog die Abteilung Sozialwesen des Bezirksamtes in das Haus, bis schließlich nach erneuten Instandsetzungen und kleineren Veränderungen das bezirkseigene Standesamt sich im Herbst 1959 hier etablierte.
Der zweigeschossige, in seinem Grundriß rechteckige Putzbau ist von seiner Fassade wie auch von der Innengestaltung her äußerst reizvoll. Geschmückt mit Säulen und Sohlbänken, einem Kranzgesims und einem schmalen Relieffries, zeichnet sich die Villa noch durch weiteren reichhaltigen Bildwerkschmuck aus. So befindet sich an der Gartenfront unter dem Gurtgesims eine Nachbildung aus Gips, die ein von Daniel Christian Rauch für das Denkmal Friedrich des Großen geschaffenes Relief mit drei Einzelszenen aus dem Leben des Königs darstellt. Alles in allem paßt sich dieses formschön gestaltete Gebäude harmonisch seiner Umgebung an, das in Verbindung mit dem oben genannten Denkmal der Pseudo-Dorfaue eine besondere Note verleiht.

5. Ein Haus steht auf der Abrißliste.

Nahezu unscheinbar, ohne jeglichen plastischen Schmuck oder sonstige künstlerische Attribute steht das Haus Nr. 21 am Tegeler Weg in Charlottenburg. Der zweigeschossige vom Landgericht und von Wohnhäusern flankierte Bau liegt z. Z. in einem öden Vorgarten und erhält nur durch die bunten Klebearbeiten an den Fensterscheiben ein etwas

freundlicheres Aussehen. Diese wiederum zeigen den heutigen Verwendungszweck des Gebäudes: Das in eine graue Putzhaut gekleidete Haus dient als Kindergarten. Aber wie lange noch? Das Gebäude steht auf der Abrißliste und soll einmal durch einen Neubau ersetzt werden.
Sicher ist diese Maßnahme nichts Ungewöhnliches in unserer Zeit, wenn nicht das Gebäude zu den lokalhistorisch interessanten Bauwerken in Charlottenburg zählte und somit durch den Abriß eine liebenswürdige baugeschichtliche Erinnerung vom Erdboden verschwände. Lassen wir daher die Geschichte des Hauses an uns vorüberziehen:
Bauherr des Gebäudes war der Königliche Kammerdiener Wilhelm Dreisbach, der in Diensten Wilhelms I. stand und eines Tages auf den Gedanken kam, sich am Tegeler Weg, der alten Verbindungsstraße zwischen dem Schloß Charlottenburg und der Jungfernheide, ein repräsentatives Wohnhaus zu errichten. Dreisbach stellte am 3. 6. 1867 den Bauantrag, und bereits siebzehn Tage später erhielt er die behördliche Erlaubnis zum Bau des Hauses. Die Bauausführung lag in den Händen des Rathsmaurermeisters Friedrich Pahl zu Charlottenburg und des Zimmermeisters Friedrich Schoenfelder. Wie unkompliziert zu jener Zeit gebaut wurde, verraten die folgenden Daten: Bereits am 27. 8. 1867 war der Rohbau nach Vorschrift ausgeführt, und am 17. 12. des selben Jahres – also mitten im tiefsten Winter! – war das Gebäude vollendet.
Am Tegeler Weg war jetzt ein zwei Etagen umfassendes „Appartement"-Wohngebäude mit einem Stall-, einem Hofgebäude und „Retiraden" entstanden, dessen äußere Verkleidung in Fachwerk ausgeführt war. Der „48 Fuß x 35 Fuß, 6 Zoll" große Hauptbau war außerdem noch durch gewölbte Räume unterkellert.
Bereits ein Jahr nach der Fertigstellung der Gebäude beabsichtigte Wilhelm Dreisbach, auf seinem Grundstück eine Pappenfabrik zu eröffnen. Aus dem Kgl. Kammerdiener war anscheinend ein Kaufmann geworden. Die anfänglichen Bedenken der Charlottenburger Polizeidirektion, das Grundstück mit seinen Anbauten sei für einen Gewerbebetrieb, in dem mit offenen Feuer gearbeitet werden sollte, nicht geeignet, zerstreute Dreisbach mit dem Hinweis, daß seine Pap-

Charlottenburg/Tegeler Weg 21: ehem. Wohnhaus des Kammerdieners Dreisbach. Erbaut durch F. Pahl und F. Schoenfelder.

penfabrikation nach einem „kalten Verfahren“ verlaufen würde.
So geschah es, daß Dreisbach in den Nebengebäuden seines Besitzes im Jahre 1868 einen 16 PS starken Dampfkessel, einen Trockenraum, eine Transmission, einen Rührbottich sowie eine Dampfmaschine von 12 PS, ein Naßwerk und eine Pappenmaschine aufstellen ließ. Erzeugt wurden in dem Betrieb jetzt drei verschiedene Pappenqualitäten, nämlich „Holländer Pappe“ (bestehend aus Hanf, Papierabfall und gekochtem Leim), „halbweiße Pappe“ (bestehend aus Lumpen und Papierabfall) und „Strohpappe“, die aus Stroh und Papierabfall zusammengerührt wurde.
Die Befürchtungen der Polizeidirektion schienen nicht aus dem Wege geräumt zu sein. Ihre Zweifel wurden wohl auch dadurch gefördert, daß einer der drei Dreisbach-Nachbarn der bekannte Charlottenburger Holzhändler Kogge war, der zusammen mit seinem Kompagnon Müller unmittelbar neben dem beschriebenen Anwesen einen großen Holzplatz betrieb.

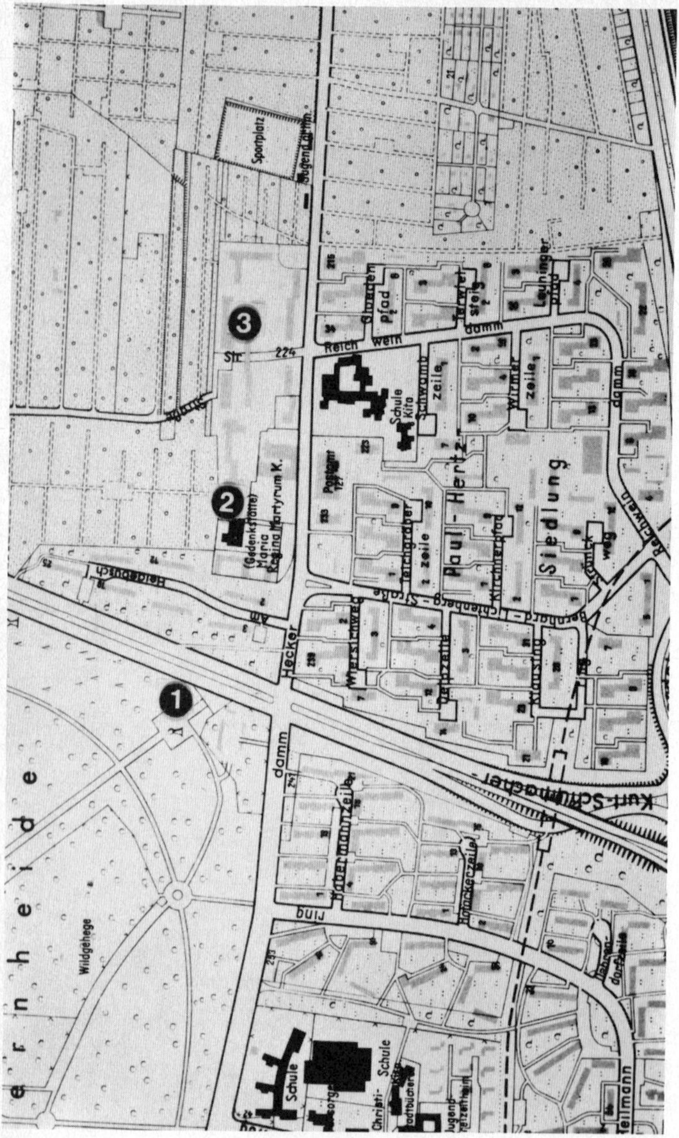
Sportplatz
Wildgehege
Schule
Kita
Postamt
Paul-Hertz-
Siedlung
Reichweindamm
Heckerdamm
Kurt-Schumacher-
(Gedenkstätte)
Maria
Regina Martyrum K.
Heidebusch
Schwambzeile
Wirmerzeile
Leuninger pfad
Glasergenpfad
Teichgräberzeile
Kirchnerpfad
Wiersichweg
Delpzeile
Klausingring
Habermannzeile
Heilmann
Schule
Jugend-
freizeitheim

V. Jungfernheide und Charlottenburg-Nord

1. Ein Gedenkkreuz in der Heide.

Die Jungfernheide, deren Name auf das 1239 gegründete Benediktinerinnenkloster in Spandau zurückgeht, war bis zum 16. Jahrhundert im Besitz des geistlichen Ordens, der übrigens der einzige seiner Art in der Mark Brandenburg war. Während der Reformation wurden die Nonnen vertrieben; die Jungfernheide wurde bald darauf Jagdgebiet des Kurfürsten Joachim II. Das urwaldähnliche Gelände, das sich von Tegel bis Charlottenburg und von Haselhorst bis zum Wedding erstreckte, zeichnete sich durch einen immens großen Wildreichtum aus, was zur Folge hatte, daß in diesem Revier zahlreiche Hofjagden stattfanden.

Heute sind jedoch die Jagdhörner längst verstummt. In dem auf ein Minimum zusammengeschrumpften Wald (Größe: 800 Meter breit und 1800 Meter lang), in dem das Rauchen verboten ist, kann man nur Dam- und Schwarzwild beobachten, das unter dem alten Baumbestand in Gehegen gehalten wird. Aber nicht nur aus diesem Grund ist ein Besuch der gepflegten Parkanlage lohnenswert. Ein unscheinbares, von den Spaziergängern kaum beachtetes steinernes Gedenkkreuz erinnert hier an eine dramatische Zusammenkunft aus vergangenen Tagen.

In den der Jungfernheide unmittelbar vorgelagerten Grünanlagen steht am belebten Kurt-Schumacher-Damm ein schlichtes Granitkreuz, dessen waagerechter Kreuzbalken folgende Inschrift trägt: „L. v. Hinckeldey / + d. 10. Maerz 1856“.

Der Grund für die Aufstellung dieses Gedenkkreuzes ist

Jungfernheide und Charlottenburg-Nord.

1. *Gedenkkreuz in der Jungfernheide nahe Kurt-Schumacher-Damm.*
2. *Gedenkstätte „Maria-Regina-Martyrum“ am Heckerdamm.*
3. *ehem. Villa in der Friedrich-Olbricht-Straße (früher Thaters Privatweg).*

Fahrverbindungen: Bus-Linien 21, 62.

wohl den wenigsten Mitbürgern bekannt, viele wissen nicht einmal, wer Hinckeldey war, und selbst die beiden nahegelegenen Einrichtungen, Hinckeldey-Brücke und Kolonie Hinckeldey, sind auch nur lokale Bezeichnungen, die ohne besondere Beachtung längst in unseren Sprachgebrauch übernommen wurden. Und dennoch verbirgt sich hinter dem Namen und letztlich auch hinter der unscheinbaren Gedenkstätte ein Stück Berliner Geschichte und darüber hinaus das tragische Lebensende eines Mannes, der den ungeschriebenen Ehrengesetzen seiner Zeit zum Opfer fiel. Lassen wir daher die Vergangenheit an uns vorüberziehen.
Carl Ludwig Friedrich von Hinckeldey (1805–1856), in den fünfziger Jahren des vergangenen Jahrhunderts allmächtiger Polizeipräsident von Berlin, war ein wenig beliebter, dafür aber sehr gefürchteter Mann und – glaubt man den Chronisten – im eigentlichen Sinne der wahre Regent der Reichshauptstadt. Hinckeldeys tatkräftiger Einsatz für die Belange der Bevölkerung, sein persönliches Engagement gegenüber der ihm unterstellten Polizeitruppe sowie seine Aufgeschlossenheit gegenüber Modernisierung und Ausbau städtischer Institutionen fand jedoch zu seinen Lebzeiten nicht immer die Würdigung, die sie eigentlich verdient hätte. Erst mit seinem Ableben wurde klar, daß Berlin ihm viel zu verdanken hat. Er gründete nicht nur die Berliner Berufsfeuerwehr und das Einwohnermeldeamt, er ließ auch die Kanalisation anlegen, förderte die Pflasterung der Berliner Straßen, befürwortete den Bau des ersten Berliner Wasserwerks am Stralauer Tor, und er war letztlich auch der Förderer bereits vorhandener und Schöpfer neuer sozialer Einrichtungen.
Obwohl Ludwig von Hinckeldey ein äußerst tatkräftiger preußischer Beamter war, der in vielerlei Sicht nur das Beste für Berlin und seine Bevölkerung wollte, sah er sich ständig neuen Anfeindungen ausgesetzt. Eine dieser unsachlichen Querelen führte zu seinem plötzlichen Tode.
Auf Befehl König Friedrich Wilhelms IV. mußte Hinckeldey gegen die in Berlin aufblühenden feudalen Spielkasinos einschreiten. Bei einer dieser Aktionen kam es zu einer Kontroverse mit dem Gardeoffizier Hans von Rochow-Plessow, bei der dieser den Polizeipräsidenten beleidigte. Nach damaligem Brauch mußte Hinckeldey seinen Kontrahenten zum

Duell fordern. So kam es, daß der sehbehinderte und wesentlich ältere Polizeipräsident am Morgen des 10. März 1856 in der Jungfernheide gegen Rochow-Plessow zum Zweikampf antrat und dabei von einer Pistolenkugel tödlich getroffen wurde.
Dies war der Anlaß zur Aufstellung des Granitkreuzes. Ursprünglich vor einer Eiche stehend und von einem schmiedeeisernen Gitter umgeben, wurde das kleine Mahnmal nach Begradigung des Tegeler Weges (heute Kurt-Schumacher-Damm) in die kleine Grünanlage versetzt, wo es heute in aller Bescheidenheit an Ludwig von Hinckeldey erinnert. Literarisch festgehalten ist die Tragödie in der Jungfernheide aber auch in Fontanes Roman „Irrungen Wirrungen", der hier das Duell erwähnt.

2. Blutzeugen.
Berlin besitzt eine Reihe von sakralen und profanen Einrichtungen, die als Orte der Besinnung oft einen starken Eindruck auf die Besucher hinterlassen. Zwei bedeutende Gedenkstätten liegen in Charlottenburg. Eine davon ist die in der 1961/65 errichteten „Paul-Hertz-Siedlung" stehende Gedächtniskirche der deutschen Katholiken, die zu Ehren der Blutzeugen für Glaubens- und Gewissensfreiheit in den Jahren 1933 bis 1945 am Heckerdamm erbaut wurde. Sie trägt den Namen „Maria Regina Martyrum".
Der Bau des Gotteshauses wurde auf Anregung von Bischof Wilhelm Weskamm anläßlich des 78. Deutschen Katholikentages in Berlin im Jahre 1958 beschlossen. Vier Jahre später war der Kirchbau vollendet. In fast zweijähriger Bauzeit schuf der Würzburger Dombaumeister Hans Schädel zusammen mit dem Architekten Friedrich Ebert hier in Charlottenburg-Nord ein modernes geistliches Zentrum, das neben der Kirche und dem abseits stehenden Glockenturm einen Kindergarten mit Spielhof und ein Pfarrhaus mit Garten enthält.
Der Mittelpunkt der Gedächtnisstätte ist die Krypta mit drei Gräbern neben dem Altar: Das rechte Grab enthält die Urne von Dr. Erich Klausener, dem 1934 ermordeten Leiter der Katholischen Aktion im Bistum Berlin, das linke soll einmal die Gebeine des vorerst noch auf dem alten St.-Hedwigs-

Friedhof in der Liesenstraße beigesetzten Domprobst Bernhard Lichtenberg aufnehmen. Zwischen beiden Grabstellen befindet sich ein „Symbolgrab“ mit der Aufschrift „Allen Blutzeugen, denen das Grab verweigert wurde. Allen Blutzeugen, deren Gräber unbekannt sind.“
Oberhalb der Krypta liegt die eigentliche Pfarrkirche. Sie ist, dem Konzept der Erbauer entsprechend, ebenfalls in klaren, „eindeutigen und überzeugenden“ Konstruktionen der Stahlbetonweise ausgeführt. Der weitläufige Raum ist nahezu schmucklos. Am Eingang zum Innenraum steht ein in zylindrischen Formen gehaltener Taufstein aus Muschelkalk und Bronze. Vor der Altarwand erheben sich Altar und Kanzel, beide in kubischen Formen aus weißem Marmor gearbeitet. Daneben Tabernakel, Kreuz und Leuchter. Es sind Werke aus den Kunstwerkstätten des Benediktinerklosters Münsterschwarzach. Blickfang ist hier jedoch das riesige Gemälde an der Altarwand. Es wurde von Prof. Georg Meistermann geschaffen und stellt ein Thema (Lamm) aus der Apokalypse dar.
Seltsam und für den an bildnerischer Gestaltung nicht interessierten Laien schwer verständlich erscheint uns der Kreuzweg auf dem Feierhof der Gedenkstätte. Die in sieben Gruppen aufgeteilten Darstellungen – von der ersten Station „Christus vor Pilatus“ bis zur siebenten Gruppe „Auferstehung. Frauen am Grabe“ – sind Schöpfungen des 1927 im Böhmerwald geborenen Bildhauers Otto Herbert Hajek.
Nachdem die Kirche unter der künstlerischen und theologischen Betreuung des Paters Urban Rapp aus der Abtei Münsterschwarzach fertiggestellt worden war, wurde sie am 5. Mai 1963 durch den jetzigen Erzbischof von München-Freising, Julius Kardinal Döpfner, feierlich konsekriert. Den Altar des Feierhofes konsekrierte der Bischof von Berlin, Erzbischof Dr. Alfred Bengsch, den Altar in der Krypta der französische Erzbischof von Chambéry, Louis de Bazelaire.

3. Eisfabrikation im Pfefferluch.
Duplizitäten innerhalb der Berliner Stadtgeschichte sind nicht selten – und erst recht nicht in dem weitverzweigten Gebiet der Straßenbenennung. Ein Beispiel hierfür sind u. a. die beiden „Thaterstraßen“. Es gibt sie einmal als „Thaters

Charlottenburg-Nord/Heckerdamm: Innenhof und Glokkenturm der Gedächtniskirche Maria Regina Martyrum (H. Schädel, 1962).

Privatweg“ in Charlottenburg (benannt nach dem Eiswerkbesitzer und Grundeigentümer an diesem Weg, Karl Thater) zum anderen in Reinickendorf als „Thaterstraße“, die ihrerseits nach Louis Thater, ebenfalls Eiswerk- und Grundbesitzer, ihren Namen trägt. Beide Thaters hatten nun nicht nur den gleichen Beruf, sie entstammten auch ein und derselben Familie.

Wer heute auf der Suche nach „optischen Erinnerungen“ an diese Familie vom Heckerdamm aus in Thaters Privatweg einbiegt, der wird neben den in den letzten Jahren erbauten modernen Industriebauten hier nur eine rostrot angestrichene Villa entdecken, die so gar nicht in diese Gegend zu passen scheint. Doch ist dieses Gebäude die letzte Erinnerung an den Charlottenburger Thater, der hier einst auf dem weitläufigen und damals noch unbebauten Gelände seinem äußerst erfolgreichen Gewerbe nachging. In den 90er Jahren des vergangenen Jahrhunderts versorgte Thater von hier aus die Berliner Bevölkerung mit Natureis, welches er aus den künstlich angelegten Teichen im sogenannten „Pfefferluch“ herausbrechen ließ.

Wie sehr sich die Gewinnung dieses Naturproduktes auszahlen sollte, wurde bald deutlich, als sich Karl Thater in dem Gelände eine in spätklassizistischen Formen gehaltene Villa erbauen ließ. Heute ist das Gebäude das einzige historische Zeichen in dieser Gegend. Leider hat man bei der anscheinend notwendig gewordenen Restauration dem Haus die ursprünglich vorhandene Stuckverzierung genommen. Auch sind Thaters Nachkommen nicht mehr Besitzer des Hauses und von der Kunsteisproduktion ist naturgemäß heute nichts zu spüren. Dafür hat sich über Jahre hinaus auf dem Grundstück eine Zuchtstätte für Langhaardackel („Zwinger von Angelique“) mehr schlecht als recht durchs Leben schlagen müssen.

Wenn von dieser Villa und dem Leben und Wirken eines cleveren Geschäftsmannes der Jahrhundertwende auch nur an der Heimatkunde Interessierte Kenntnis haben, so war und ist vielleicht auch heute noch eine andere Schöpfung Thaters der älteren Generation in bester Erinnerung: „Carlshof“, jenes stadtbekannte Etablissement aus vergangenen Tagen, das Thater im Pfefferluch anlegen ließ und das in kürze-

Charlottenburg/Friedrich-Olbricht-Damm 71: ehem. Thater-Villa. Erbaut 1910.

ster Zeit zu einer Attraktion ersten Ranges wurde. Noch bis in die 30er Jahre hinein konnten sich die Berliner unter der wechselnden gastronomischen Bewirtschaftung durch die Pächter Mönch, Wiemer und Lindner hier vergnügen. Neben dem damals obligatorischen „Kaffeekochen" ganzer Familienverbände gab es im Carlshof eine Berg- und Talbahn, ein in den Formen des Heidelberger Fasses nachgebauten Aussichtsturm, einen Glaspalast sowie die unvermeidlichen lauschigen Wandelgänge für die jüngere Generation.
Thaters „Carlshof" wurde das bekannteste Lokal in dem bunten Sammelsurium weiterer, schnell hintereinander entstehender Gastwirtschaften auf diesem Gelände. Es hat sie alle, selbst den „Deutschen Kronprinzen" oder den „Deutschen Kaiser" oder den „Wiesengrund" mit Längen geschlagen. Übriggeblieben sind heute nur die Erinnerungen und Thaters alte Villa an dem gleichnamigen Weg. Nur noch die Kleingartenkolonien „Karlshofer Wiese", „Wiesengrund", „Pfefferluch" und „Heideschlößchen" bezeugen mit ihren Namen ein Kapitel Berliner Vergangenheit.

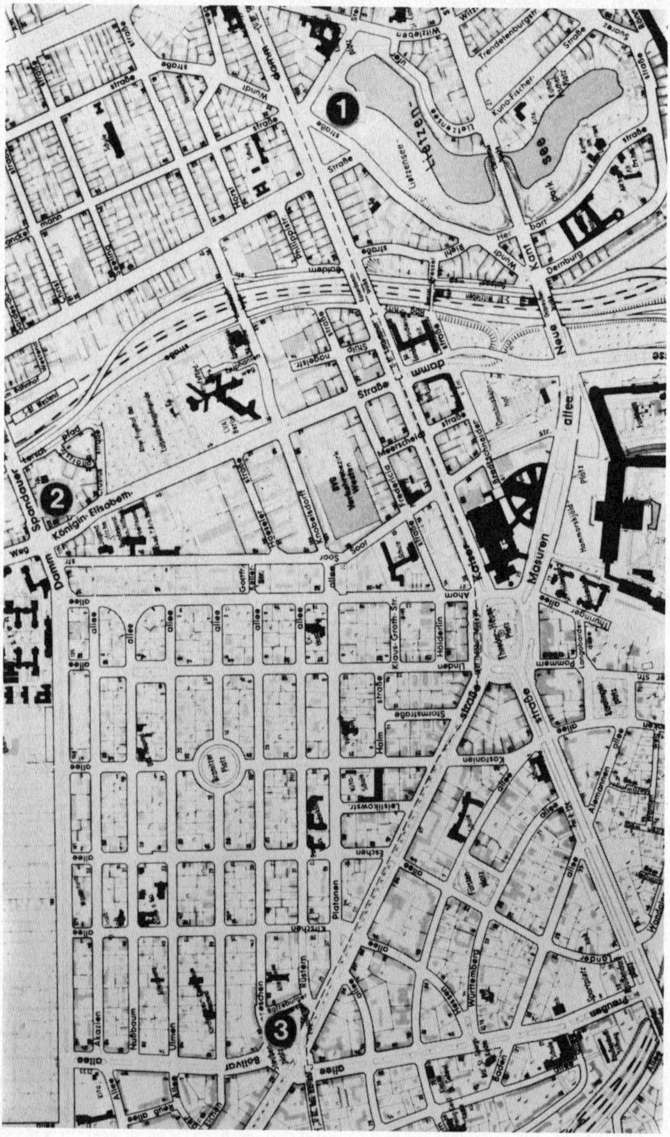
1
2
3
Lietzensee
Witzleben
Trendelenburgstr.
Kuno-Fischer-
Dernburg
Neue
Kant
Masuren
allee
Spandauer
Damm
Königin-Elisabeth-
Meerscheidt
Fredericia
Knobelsdorff
Soor
Ahorn
Theodor-Heuss-Platz
Klaus-Groth-Str.
Hölderlin
Linden
Halm
Stormstraße
Kastanien
Leistikowstr.
Eschen
Kirschen
Platanen
Rüstern
Bolivar
Akazien
Nußbaum
Ulmen
Württemberg
Länder
Preußen
Alemannen
Pommern

VI. Vom Lietzensee über den Spandauer Bock nach Westend

1. Odyssee eines Denkmals.
Öffentliche Grünanlagen, gleich welcher Art und Beschaffenheit, bilden seit jeher einen Anziehungspunkt für die Großstadtbevölkerung. Vorrangig werden sie von der älteren Generation genutzt, doch sieht man häufig auf den verschwiegenden Pfaden derartiger Anlagen junge Leute lustwandeln, die in der abendlichen Stille ihren romantischen Gedanken nachhängen. Daß für solche Unternehmungen der Berliner Großstadtraum zahlreiche Möglichkeiten bietet, ist allgemein bekannt. Aber auch aus einem anderen Grund können Parkanlagen, wie beispielsweise der Lietzenseepark, von Interesse sein, wenn nämlich bildhauerischer oder architektonischer Schmuck das Gelände bereichert.
Wer sich einmal die Mühe macht, den unterhalb der belebten Neuen Kantstraße liegenden Lietzensee in sein Spaziergangsprogramm aufzunehmen, der wird hier sicherlich nicht enttäuscht werden.
Wenn man von der Dernburgstraße aus seinen Weg um den See antritt, dann fällt eine terrassenförmige Steinkonstruktion auf, die am Seeufer in eine Pergola übergeht. Diese Kaskaden wurden im Zuge der Parkgestaltung im Jahre 1912 nach einem Entwurf des Stadtbaurates Heinrich Seeling angelegt.
Von dort aus gelangt man am Westufer des Sees entlang zur Neuen Kantstraße. Mit der Verlängerung der „alten" Kantstraße (1905) in Richtung Bahnhof Witzleben wurde gleich-

Vom Lietzensee über den Spandauer Bock nach Westend.

1. Schiller-Denkmal am Lietzensee nahe Wundtstraße.
Fahrverbindungen: U-Bahnhof Kaiser-Damm oder Sophie-Charlotte-Platz, Bus-Linie 10.
2. Spandauer Damm.
Fahrverbindungen: Bus-Linien 10, 54, 74.
3. Rund um den Steubenplatz, weiter durch die Ahornstraße, Nußbaum-, Eichen- und Ulmenallee.
Fahrverbindungen: U-Bahnhof Neu-Westend, Buslinien 4, 54.

zeitig der 800 Meter lange Lietzensee in seiner Mitte künstlich eingeschnürt, wobei Erdmassen zu einem Wall aufgeschüttet wurden, um den Untergrund für das Brückenfundament zu schaffen. Dabei entstanden die roten, im Jugendstil gehaltenen Brückenaufbauten mit ihren interessanten symbolischen Darstellungen.
Durch den Tunnel, der den Promenadenweg überbrückt, erreicht man am Nordwestufer das Schillerdenkmal. Dieses historisch wertvollste Standbild im Lietzenseepark hat eine merkwürdige Geschichte.
Aus Anlaß des 100. Geburtstages Friedrich von Schillers am 10. 11. 1859 sollte das Denkmal am Berliner Gendarmenmarkt aufgestellt werden. Politische Manipulationen und persönliche Intrigen ließen jedoch den an dem Denkmal arbeitenden Bildhauer Reinhold Begas sein Werk erst 1868 vollenden. Darüber hinaus sollten weitere drei Jahre vergehen, bis das Marmorbildnis endlich der Öffentlichkeit übergeben werden konnte. Am 10. 11. 1871, also zwanzig Jahre später, erhielt es seinen vorerst endgültigen Standort vor dem Berliner Schauspielhaus.
1935 erlitt das Standbild bei der Umgestaltung des Gebäudes durch Unachtsamkeit Schaden und mußte abgetragen werden. Glücklicherweise konnten die Bruchschäden ersetzt werden, so daß Prof. August Kranz von dem Denkmal Abgüsse abnehmen konnte.
Das alte Denkmal wanderte nun vorerst auf einen Abstellplatz der Stadt. Von dort aus gelangte es in den Hof der renommierten Friedenauer Bildgießerei Noack, wo es vorläufig von der Außenwelt abgeschirmt war. Die Odyssee des Schiller-Denkmals endete schließlich im Lietzenseepark. Hier wurde es im Jahre 1952 aufgestellt.
Auf einem schlichten Sockel, ohne die ursprünglich vorhandenen allegorischen Figuren, ist es heute eine bemerkenswerte Bereicherung der Grünanlage. Der von dem Original abgenommene Gipsabdruck fand vorzeitig Verwendung. Er steht als Bronzeabguß im Weddinger Schillerpark und zwar mit den vier allegorischen Figuren (Lyrik, Drama, Philosophie und Geschichte).

2. Heinrich Quistorps Aktivitäten am Spandauer Berg.

Mit dem Alt-Berliner Kinder-Spottvers „Berliner Kind / Spandauer Wind / Scharlottenburjer Ferd / Sind alle drei nischt wert" könnte man (im übertragenen Sinne) ein weiteres Kapitel innerhalb der Berliner bzw. Charlottenburger Geschichte aufschlagen, da dieser Reim sich so vortrefflich in das Schicksal eines Mannes einfügt, dessen Name zwar heute nirgendwo mehr genannt wird, dessen Lebenswerk jedoch in Form einer bekannten Villenkolonie erhalten geblieben ist. Gemeint ist der Grundstücksspekulant Heinrich Quistorp, einst Direktor der Baugenossenschaft „Concordia" und Gründer der Charlottenburger Kolonie Westend.

Ähnlich wie seine beiden Zeitgenossen Bethel Henry Strousberg und Wilhelm von Carstenn-Lichterfelde wurde Quistorp vom Spekulations-Fieber seiner Zeit gepackt. Auch er versuchte, von anfänglichen Erfolgen beflügelt, immer größere Geschäfte mit Baugrundstücken zu machen, zumal die Expansion der Berliner Bevölkerung und die daraus resultierende Wohnungsnot derartige Manipulationen förmlich herausforderte.

Als Heinrich Quistorp im Jahre 1868 in die bereits bestehende „Westend-Gesellschaft" als Vorstandsmitglied eintrat, begann für das Unternehmen bald eine Zeit, die, durch neue Impulse bereichert, einen raschen Aufschwung mit sich brachte. Die Firma – sie hatte sich am 1. Mai 1866 konstituiert – führte als Kommanditisten neben einigen erfolgreichen Kaufleuten den Baumeister Prof. Martin Gropuis und den Kommerzienrat Johann Quistorp.

Heinrich Quistorp nun, durch seinen Bruder gefördert, versuchte mit seinem Eintritt in das Unternehmen seine in England gesammelten Erfahrungen auf dem Spandauer Berg zu verwirklichen. Obwohl durch den Fabrikanten Albert Werckmeister bereits der Grundstein für ein Projekt auf diesem Gelände gelegt worden war, ließ sich der dynamische Quistorp nicht entmutigen, seinen Plan zu realisieren. Er wollte wie Werckmeister am Spandauer Berg nach Londoner Vorbild ein modernes und vornehmes „Westend" anlegen.

Als dann während der Projektierung König Wilhelm I. auf Quistorp aufmerksam wurde und diesem schließlich im November 1868 einen „höchstpersönlichen" Besuch abstattete

und außerdem mit der Bemerkung „Hier oben weht eine frische, reine Luft. Westend hat eine große Zukunft", sein Wohlwollen ausdrückte, hatte Quistorp endgültig Oberwasser. Aus Dankbarkeit ließ er durch den Bildhauer Beyerhaus eine überlebensgroße Büste von dem Monarchen in der im Wachsen begriffenen Kolonie aufstellen. Wie weit sich Quistorp darüber hinaus durch großartige Gesten in das Licht der Öffentlichkeit zu setzen versuchte, sollte man u. a. nach Beginn des Krieges 1870/71 erfahren: Der Unternehmer stellte freiwillig eine gerade fertiggewordene Villa an der Eichenallee als Lazarett zur Verfügung.
Nach dem englischen Motto „My home is my castle" ließ Quistorps Gesellschaft in den nachfolgenden Jahren zahlreiche Grundstücke auf dem Gelände am Spandauer Berg bebauen. Diese wilde Bautätigkeit hatte aber zur Folge, daß die Häuser stilistisch völlig verschieden waren. Über dieses Stilchaos waren jedoch die neuen Bewohner erhaben. Sie gründeten jetzt den „Westend-Club", der als Treffpunkt der arrivierten und wohlhabenden Bevölkerungsschicht galt. Hinzu kam außerdem, daß das Clubhaus direkt an der Pferdebahnendstation Westend-Charlottenburg lag. Quistorps Unternehmen hatte die erste deutsche Pferdeeisenbahn (1865),die einst nur vom Kupfergraben bis zur Spandauer Straße in Charlottenburg führte, den Spandauer Berg hinauf verlängern lassen. Als die Besiedlung der Kolonie immer größere Formen angenommen hatte, stand Quistorp plötzlich vor einem großen Problem. Westend benötigte zur eigenen Versorgung Trinkwasser – eine Tatsache die Werckmeister schon lange vor Quistorp erkannt hatte . – Der großzügig denkende Quistorp gab sich jedoch mit dem kleinen Projekt seines früheren Kompagnons nicht zufrieden. Er plante eine eigene Pumpstation am Teufelssee und wollte das geförderte Wasser in einem Wasserturm auf dem Spandauer Bock speichern. Dieser „Germania-Turm" – im Volksmund „Tempel des Wahns" genannt – sollte außerdem in Westend noch zu einer besonderen Attraktion werden. Die Grundsteinlegung am 31. 8. 1872 fand unter großem Pomp statt, jedoch sollte dies die einzige fröhliche Feier um das 80 Meter hohe Monument werden. Quistorp, der einst so erfolgreiche Unternehmer, ging nämlich am 18. Oktober 1873 bankrott

und mit ihm seine Gesellschaft und der halbfertige Turm, der nun seinem Schicksal überlassen wurde.
Doch der ehrgeizige Mann gab noch nicht auf! Sieben Jahre nach dem Baubeginn wurde die Arbeit an dem Turm wieder aufgenommen. Quistorp wollte jetzt nach dem Vorbild der Pariser Weltausstellung im Westend eine „permanente internationale Patent-, Modell- und Musterausstellung" eröffnen. Damit aber nicht genug: Am Platz des heutigen Hildegard-Krankenhauses ließ er einen 60 Meter hohen Holzturm, das Belvedere, erbauen.
Beide Projekte schienen auch anfangs vom Erfolg begleitet zu sein. Die Berliner Zeitungen priesen Quistorps Wagemut – jedoch die Stadtväter dachten anders. Pumpstation, Wasserturm und Kanalisation wiesen plötzlich technische Mängel auf. Der Unternehmer mußte jetzt endgültig aufgeben. Er legte die Leitung der Wasserwerke aus den Händen. Versteigerungen seines Eigentums, der Konkurs des eigenen Bankhauses, der Tod seines einzigen Sohnes (1882) und nicht zuletzt die von Werner von Siemens durchgeführte Elektrifizierung der Straßenbahn am Spandauer Berg im selben Jahr veranlaßten Heinrich Quistorp zur Aufgabe sämtlicher Charlottenburger und Spandauer Illusionen.
Er verließ darauf für drei Jahre Deutschland und wanderte nach Paraguay aus. Aber auch hier ließen Fehlspekulationen und Krankheit den einstigen „Souverän von Westend" nicht zur Ruhe kommen. Als am 6. Dezember 1902 eine Anzeige in der „Neuen Zeit" den Tod Heinrich Quistorps in Berlin verkündete, wußte jedermann, daß er an seinen maßlosen Manipulationen und an der Villenkolonie Westend zerbrochen war. – Quistorp und seine Anhänger blickten einst erhaben von hoher Warte auf die „Provinzstädte" Charlottenburg und Spandau herab – bei seiner Beisetzung schmückten nur noch anonyme Kränze seinen Sarg. Mit der einstigen Unternehmerpersönlichkeit der Berliner Gründerjahre wollte jetzt plötzlich niemand mehr etwas zu tun haben.

3. Durch die Straßen von Westend.
Wenn alljährlich in den Vereinigten Staaten von Nordamerika die „Steuben-Parade" abgehalten wird, dann erinnert man sich dabei des preußischen Generals Friedrich Wilhelm von

Steuben (1730-94), der 1778 als Organisator der Armee Washingtons entscheidend den Ausgang des Unabhängigkeitskrieges gegen England beeinflußt hat. Namhafte Vertreter der Bundesrepublik Deutschland sind dann geladene Gäste in der vom preußischen Militärgeist durchdrungenen Feier.
Fast symbolisch erscheint es daher, daß in Westend auf dem „Steubenplatz“ ein Reiterdenkmal steht, das den bezeichnenden Namen „Der Sieger“ trägt. Das lebensgroße Bildwerk stammt von dem in Berlin geborenen Bildhauer Louis (Ludwig) Tuaillon. Seit 1961 steht das Standbild auf dem Steubenplatz, der den Mittelpunkt der Landhaussiedlung bildet. Bei einem Spaziergang durch Westend wird man aber erkennen, daß der „Sieger“ sich nicht auf den General von Steuben bezieht, sondern als bildnerische Untermalung eher den Charakter dieses Ortsteils unterstreicht. Die hochgelegene Villenkolonie rings um den Theodor-Heuss-Platz wurde nämlich seit etwa 1920 kontinuierlich zu einer Sport- und Ausstellungsstadt ausgebaut, wobei die Avus, das Olympia-Stadion, die Ausstellungshallen und der Funkturm sowie die Grunewald-Rennbahn (seit 1909) dem Gelände das eigentliche Gepräge gaben.
Verkehrsreichster Punkt Westends ist der Theodor-Heuss-Platz, der im Zuge des Kaiserdamms liegt und zusammen mit der Heerstraße das letzte Glied des stattlichen, vom ehemaligen Berliner Stadtschloß in gerader Flucht von zwölf Kilometer Länge in den Grunewald führenden Straßenzuges bildet. Doch soll an dieser Stelle nicht über verkehrstechnische Probleme berichtet werden, vielmehr möge mit diesem Spaziergangsvorschlag eines der merkwürdigsten Kapitel aus der Berliner Baugeschichte aufgeschlagen werden.
Auf dem „Charlottenburger Plateau“, jenem Gelände zwischen dem Grunewald und der Berlin-Spandauer Chaussee, entstanden ab 1866 zahlreiche Villen und Landhäuser, die durch ihre teils verspielte, teils nüchterne Architektur zu einem fast einmaligen Stilchaos auf Berliner Boden führten. Ein Bummel durch die stillen, meist botanische Namen tragenden Straßen von Westend gestaltet sich recht eindrucksvoll, zumal die Geschichte einiger Villen oft eng mit dem Schicksal früherer Persönlichkeiten verknüpft ist.
Wie wir bereits erfahren haben, wurde die Villenkolonie

Westend/Ulmenallee 3: Villa im engl. Stil aus der Gründerzeit der Kolonie Westend (um 1870).

„Westend" am 1. Mai 1866 durch die Kommandit-Genossenschaft auf Aktien gegründet. Initiatoren der Gesellschaft waren u. a. der wohlhabende Fabrikant Albert Werckmeister, dem ein großer Teil des Geländes gehörte, sowie der Kommerzienrat Johannes Quistorp, der Wirkliche Geheime Kriegsrat von Mentzel und der Baumeister Martin Gropius.
Von den Absichten der damaligen Bauherrn zeugen heute die oben erwähnten Landhäuser. Nach dem Austritt von Gropius aus dem Unternehmen traten jetzt mehrere Berliner Zimmer- und Maurermeister auf den Plan, die sich zwangsläufig dem Willen der einzelnen Bauherren unterwerfen mußten. Von den Bauausführenden sind hervorzuheben der Maurermeister Carl Bolle, der später als „Bimmel-Bolle" stadtbekannt wurde, und der Baumeister F. Uterwedde.
In die von ihnen gebauten Häuser zogen bald darauf namhafte Gelehrte und Künstler. Aus der bunten Reihe der Westendbewohner mögen nur einige genannt werden: Ahornstraße 30/32 wohnte das Malerehepaar Reinhold und Sabine Lepsius, einige Häuser weiter, Nr. 39, der Mediziner Professor Robert Koch, in der Eichenallee Nr. 12 der Philologe Ulrich von Wilamowitz-Moellendorf und in der Nußbaumallee Nr. 21 der Bildhauer Rudolf Siemering, in dessen Haus später der Astronom Wilhelm Foerster einzog.
Ebenso unterschiedlich wie die Zusammensetzung der Landhausbevölkerung einst war, ist auch die bereits zitierte Architektur der Villen.
Das wohl markanteste Beispiel dieser Zeit ist das Haus in der Ulmenallee Nr. 3. Die in neugotischen Formen gehaltene Villa mit einem zinnenbekrönten Turm wurde etwa um 1870 erbaut. Der Baumeister des Hauses ist nicht bekannt. Es kann aber angenommen werden, daß das Gebäude der Villa Ibrox nachempfunden wurde und daher den selben Baumeister wie diese hatte.
Die Villa Ibrox nun, die wahrscheinlich von dem Hofmaurermeister Rabbath errichtet wurde, steht in sehr veränderter Form noch heute in der Ahornallee Nr. 6. Sie wurde von dem Gründer der Kolonie Westend, Heinrich Quistorp, in Auftrag gegeben und sollte an dessen England-Schottland-Aufenthalt in Glasgow, Ibrox-Terrace, auf dem er seine Ehefrau kennengelernt hatte, erinnern.

VII. Fürstenbrunn, Ruhwald und Ruhleben

1. Der Eisensäuerling vom Spandauer Berg.
Vor einigen Jahren war die erste urkundliche Eintragung der letzten in Berlin genutzten Mineralwasserquelle zweihundertundfünfzig Jahre alt. Auf einer Flurkarte vom Jahr 1719 wurde diese Quelle bereits als „Springbrunnen" amtlich eingezeichnet. Dieser Eisensäuerling nun, der als echtes Berliner Produkt namentlich sehr bekannt, dessen Herkunftsort jedoch fast vergessen ist, soll an dieser Stelle zu einem Blick in die Vergangenheit Anlaß geben.

Am Spandauer Berg, unterhalb des Teltower Höhenrandes, breitet sich das Spreetal aus. Hier entspringt in der Nähe der Bahnstation Siemensstadt-Fürstenbrunn jene Quelle, die seit Jahren unter dem Wertbegriff „Fürstenbrunn" ihren Einzug in die Berliner Haushalte gefunden hat. Der Brunnen selbst ist durch ein massives Steinhäuschen geschützt, das wiederum von einem hohen Drahtzaun umgeben wird. Wie sieht nun die Geschichte dieses Terrains aus?

Eine wissenschaftliche Chronik gibt hierzu eine Kurzfassung: Ein nach 1818 erbautes Schützenhaus, das später, als am 21. 9. 1857 in der Nähe des Lietzensees ein „Neues Schützenhaus" eröffnet wurde, auch „Altes Schützenhaus" hieß, erhielt am 25. 7. 1857 den Namen „Fürstenbrunn". Das ehemalige Schützenhaus wurde nach einer dabei gelegenen Quelle benannt, deren erfrischendes und heilkräftiges Wasser schon Friedrich Wilhelm, dem Großen Kurfürsten, bekannt gewesen sein soll.

Die Stadt Charlottenburg bzw. das Unternehmen, das die Quelle gewerblich nutzen wollte, stellte einen Antrag bei dem Charlottenburger Polizeiamt, in dem es u. a. hieß: „Es steht geschichtlich fest, daß der Große Kurfürst die Quelle auf jenem Grundstück, aus der vorzüglich gutes Wasser fließt, häufig zur Labung benutzte, und erscheint daher die Bezeichnung zur Erinnerung an jenen berühmten Fürsten besonders passend."

Daß es sich bei „jenem Grundstück" nur um eine unbebaute Ackerfläche handelte, verschweigt die Chronik. Bekannt ist dagegen, daß die Henningsche Flurkarte von Charlottenburg aus dem Jahre 1719 zwei Brunnenfiguren nennt, die nach Art

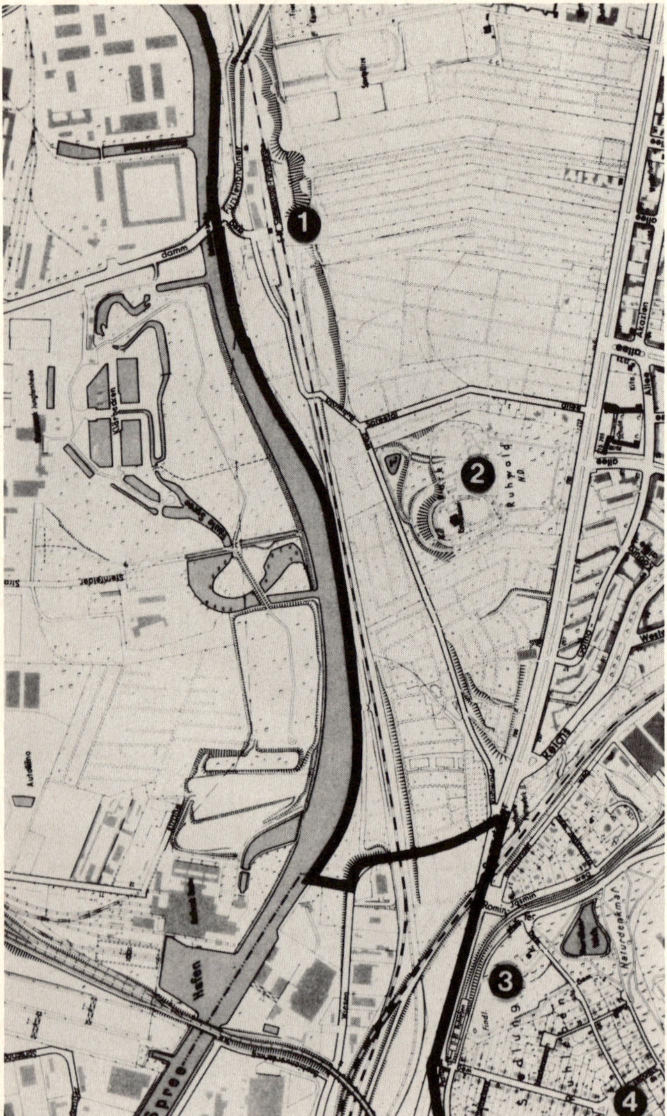

damm
Kühboden
Spree
Hafen
Ruhwald
ND
Akazien
allee
Kaiser
Romin
Jasmin
weg
Naturdenkmal
Autobahn

des „Männeken Pis“ (im Berliner Volksmund „Pißmänneken“ genannt), das Quellwasser von sich gaben. Der Brunnenschmuck blieb bis in die letzten Jahre des 18. Jahrhunderts erhalten, und er diente den Ackerbürgern bei der Vermessung des Westfeldes oft als Markierungspunkt.

Die Geschichte des Brunnengrundstücks gestaltete sich in den nachfolgenden Jahrzehnten sehr wechselvoll. 1760 entstand unter dem Einfluß des Spandauer Armeelieferanten Peter Friedrich Damm auf dem Gelände eine Windlohmühle. Nachdem diese abgebrannt war, wurde durch den Stadtkämmerer Bandelow um 1818 das bereits erwähnte Schützenhaus erbaut. In diese Zeit fiel auch eine Untersuchung des Grundstücks durch den Physiker Paul Erman, der, wie folgt, seinen Bericht über das Quellgelände abschloß: „Die Quelle ist nicht eingefaßt . . . ein geräumiger Behälter und eine Rinne von Brettern . . . deuten auf ein früheres Vorhaben, sie als Heilquelle zu benutzen.“ – Der Brunnen wurde also demnach kein „Jungbrunnen“, wohl aber eine willkommene Abkühlung für die Schützen, die den Eisensäuerling als „Zielwasser“ begrüßten.

1834 – inzwischen war das Grundstück in den Besitz Friedrich Karl Offenhäusers übergegangen – entstand in Quellennähe eine Badeanstalt. Wenige Jahre später, 1851, erwarb dann der Schiffsbaumeister Ferdinand Fuhrmann das Anwesen. Das alte Schützenhaus war inzwischen zu einem be-

Fürstenbrunn, Ruhwald und Ruhleben.

1. *Berghang unmittelbar an der S-Bahnstation „Siemensstadt-Fürstenbrunn“.*

Fahrverbindungen: S-Bahnhof Siemensstadt-Fürstenbrunnerweg, Buslinie 10.

2. *Schloßpark Ruhwald am Spandauer Damm.*

Fahrverbindung: Buslinie 54.

3. *Rund um den U-Bahnhof Ruhleben.*

Fahrverbindungen: U-Bahnhof Ruhleben, Buslinien 5, 31, 35, 54, 56, 80.

4. *Pichelsberg am Stößensee (vom U-Bahnhof Ruhleben südwestlich in Richtung Heerstraße).*

Fahrverbindungen: Buslinien 34, 92, 94.

kannten „Etablissement“ mit einem privaten Schießstand herangewachsen. In der nachfolgenden Zeit wechselte das Grundstück abermals seinen Besitzer. Eigentümer wurde der Rentier Albert Rohde, der auf dem Gelände weitere bauliche Veränderungen vornahm. Eine Wende trat schließlich ein, als Rohde im Jahre 1888 das Quellgrundstück an das Unternehmen Soederup und Kühn für einen Preis von 450.000 Mark verkaufte.

Nach all diesen äußerst illustren Besitzern kam die Quelle „Fürstenbrunn“ endlich wieder zu ihrem Recht. Doch gab es zwischendurch noch ein Ereignis, das den Brunnen infolge technischer Veränderungen auf dem Grundstück in große Gefahr bringen sollte. Als nämlich in den Jahren 1844–46 die Hamburger Eisenbahn gebaut wurde, schnitt die Bahnanlage die Wasserader von der Spree ab. Um diese zu erhalten und damit der Bahndamm nicht unterspült wurde, leitete man das Quellwasser durch ein Rohrsystem zur anderen Seite der Bahn.

Der in den Jahren 1892–94 erfolgte Ausbau des Fabrikgeländes durch den Amtsmaurermeister Gerhard verwirklichte den Plan der Unternehmensführung, die Quelle wirtschaftlich zu nutzen. Aber auch hier ging nicht alles reibungslos vonstatten. Um 1860 war nämlich auf dem Höhenrand, in der Nähe Fürstenbrunns die festungsartige Spandauer Bergbrauerei entstanden, die mit ihren Erzeugnissen längst privilegiert war. Die neuen Besitzer der Quelle mußten wacker kämpfen, um konkurrenzfähig zu bleiben. Mit dem Slogan „Wasser gegen Bier! Mineralwasser!“ haben sie es aber geschafft. Das Wasser, als „Tafelgetränk“ am preußischen Hof eingeführt, sollte bald darauf auch für die Berliner zu einer Selbstverständlichkeit werden.

So ist es auch heute. Das Fürstenbrunn-Mineralwasser ist für Berlin zu einem Begriff geworden. Mit einer Tagesproduktion von 25.000 Flaschen (1968) hat das Unternehmen heute einen Marktanteil von 25% in der Herstellung alkoholfreier Getränke erreicht und ist damit der größte Berliner Erzeuger dieser Getränkeart geworden. Der Firmenname, verbunden mit der stadtbekannten Schutzmarke, hält bis zum heutigen Tage die Erinnerung an die einzige historische Quelle Berlins wach.

2. Vom Landsitz zur Grünanlage.

Betrachtet man den Stadtplan von Berlin, dann fallen an der Grenze zwischen Charlottenburg und Spandau zwei Planquadrate auf, die je einen ähnlich klingenden Namen nennen: Ruhleben und Ruhwald. Außer der ersten Silbe haben aber beide Orte nichts gemeinsam. Ruhleben wurde nämlich bereits 1695 als Gemarkung verzeichnet, Ruhwald dagegen ist nur der Name eines Grundstücks, das erst im letzten Drittel des vergangenen Jahrhunderts auf Charlottenburger Boden entstand.

Wer heute seine Schritte in den 100.000 Quadratmeter großen Ruhwaldpark lenkt, dem wird als erstes ein Meilenstein auffallen, der am Eingang der Parkanlage steht. Dieser Richtungsweiser aus dem Jahre 1822 hatte einst für die Berlin–Hamburger Chaussee (heute Spandauer Damm) eine wichtige verkehrstechnische Bedeutung. Heute ist es ähnlich, nur wurde der Meilenstein durch eine Bushaltestelle ersetzt, die als Haltepunkt den Weg zum Schloßpark Ruhwald weist.

Im Park selbst wird der Besucher, sollte er die Vergangenheit aufzuspüren versuchen, nur noch die sehr dekorative Arkadenhalle, das ehemalige Gästehaus und die alten Pferdeställe und Remisen entdecken, das „Schloß Ruhwald“ aber wurde bereits 1937 wegen Baufälligkeit abgetragen. Dennoch ist ein Rundgang durch den Park lohnend.

Die Gegend, in der sich heute der Park befindet, hat schon vor dem Auftreten des 1819 in Halberstadt geborenen Ludwig Schäfer den Hintergrund für ein eigenes Kapitel Lokalgeschichte abgegeben. Hier befand sich die uns bereits bekannte Spandauer Bergbrauerei, in der das vielerorts gelobte „Königsbier“ hergestellt wurde. Für 12.000 Taler hatte im Jahre 1840 der oberfränkische Braumeister Conrad Bechmann eine Waldparzelle erworben, auf der er einen Lager- und Eiskeller mit einem kleinen Ausschank anlegte. Wenig später stellte er hier auf dem „Spandauer Bock“ Bockbier nach Einbecker Art (Einbock) her. Kurz darauf wurde gegenüber diesem Wirtschaftsbetrieb ein weiterer Bierausschank eröffnet. Dieser, 1847 ebenfalls von Bechmann erworben, sollte nun den Grundstein zu der bekannten Spandauer Bergbrauerei bilden. In der Tat, das Unternehmen ge-

dieh, und die witzigen Berliner gaben dem Anwesen als Pendant zum „Bock“ den Namen „Zibbe“.
Soweit die Entwicklung auf dem Gelände. In diese wenig besiedelte Gegend zog es den Herausgeber der Berliner illustrierten Damenmodezeitung „Der Bazar“, Ludwig Schäfer. Dieser hatte im Jahre 1854 zusammen mit seiner Frau, einer Geborenen Voit, im Berliner Fontanehaus, Potsdamer Straße 134 c, die Modezeitschrift gegründet, die, obwohl sie damals nicht das einzige Berliner Modejournal war, sich in kürzester Zeit großer Beliebtheit erfreuen sollte. Der ungewöhnliche Erfolg der Zeitung brachte Ludwig Schäfer jetzt nicht nur ein Millionenvermögen, sondern auch Titel und erblichen Adel ein. Als Geheimer Kommerzien- und Kommissionsrat Ludwig von Schaeffer-Voit erwarb er schließlich 1865 – ein Jahr vor der Gründung der Kolonie Westend – ein 24 Morgen großes Grundstück der Bergbrauerei.
Nachdem sich bald darauf weiterer Grundbesitz hinzugesellt hatte, ließ sich Schaeffer-Voit durch den Baurat Karl Schwatlo in den Jahren 1867/68 das Schloß Ruhwald im Stil der gerade aufkommenden Neo-Renaissance erbauen. Besonders auffällig an der schloßartigen Villa waren die zahlreichen Figurengruppen, die von dem in jener Zeit sehr gefragten Bildhauer Alexander Calandrelli geschaffen wurden. Wie großzügig der Besitz gestaltet wurde, ersah man auch daran, daß neben dem dreißig Zimmer umfassenden Schlößchen ein Kavalierhaus mit vierzig Räumen sowie die bereits oben genannten Nebengebäude den Schloßpark in eine durchaus repräsentative Kulisse verwandelten. Viele Zimmerdecken des Schlosses waren darüber hinaus mit dem Wappen von Schaeffer-Voit (zwei Schwäne mit verschlungenen Hälsen, Stern, Lanze und Fahne) geschmückt.
Die Mauer, die das Besitztum umfriedete, kostete allein schon hunderttausend Mark! Im Park wurden amerikanische Nadelhölzer gepflanzt und in dessen Mitte eine Felsengruppe aufgetürmt, die ein Denkmal zur Erinnerung an den im Krieg 1866 an Cholera verstorbenen Sohn Udo tragen sollte. Der Friedensengel, der den Mittelpunkt der Grabanlage darstellte, kam später zum Erbbegräbnis auf den alten Luisenkirchhof nach Charlottenburg. Hier ruht auch der 1870/71 gefallene zweite Sohn Edgar.

Das auf dem Teltower Höhenrand zwischen den Charlottenburger Mühlen und dem Spandauer Berg am Berghang gelegene Anwesen erhielt seinen Namen von dem als Privatbegräbnisplatz ausgesuchten Terrain neben dem Schloß.
Die Freude an dem schönen Besitz blieb Ludwig von Schaeffer-Voit jedoch nicht lange. Nach dem tragischen Schicksal seiner Söhne und mannigfachem Ärger mit seinen Nachbarn trennte sich der Kommerzienrat im Jahre 1872 von Ruhwald und zog sich auf sein Rittergut Blankenfelde bei Mahlow zurück. Schloß und Park fielen jetzt an die „Westend-Gesellschaft“, die es aber schon im Dezember desselben Jahres an die Malzfabrik von Johann Hoff veräußerte. Jetzt wurde der Park der Öffentlichkeit zugänglich gemacht. Hoff eröffnete auf dem Grundstück eine Gaststätte, die im Gegensatz zu den bereits bestehenden Restaurationsbetrieben wenig Anklang bei der Bevölkerung fand. Außerdem fehlte es dem neuen Besitzer an Aufsichtspersonal für die Betreuung des Grundstücks, so daß die einst gepflegte Grünanlage bald durch Plünderungen und Waldfrevel in arge Mitleidenschaft gezogen wurde. Der Malzfabrikant stand der neuen Situation nahezu machtlos gegenüber. Schaeffer-Voit mußte nun, um sein Geld zu retten, den Besitz wieder zurücknehmen. Diese diffusen Besitzverhältnisse, begleitet von den ständigen Querelen um den Besitz, gaben jetzt der spottlustigen Berliner Bevölkerung Anlaß, über das Grundstück auf ihre Art herzuziehen. In dieser Zeit entstand jener Vers, der bald als geflügeltes Wort in aller Munde war. Man sang damals bei jeder sich bietenden Gelegenheit den Reim „Nun ruhen alle Wälder, vor allem Ruhwald selber“.
Nach Schaeffer-Voits Tod (1887) fiel das Grundstück an den Nervenarzt Dr. Eduard Levinstein, der aus der Schöneberger Maison de Santé nach Ruhwald übersiedelte, um hier eine Nervenheilanstalt zu eröffnen. Von nun an – ab 1895 – gaben sich die Eigentümer des Schlosses die Klinke in die Hand: 1895 besaß der Bankier Siegfried Abrahamssohn Schloß Ruhwald, 1925 fiel es an die Gemeinde Charlottenburg. Später bewohnte der nationalsozialistische Bürgermeister Steg das Schloß, und kurz vor der Zerstörung des Gebäudes soll auch die bekannte Kunstfliegerin Elly Beinhorn gelegentlich dort gewohnt haben.

liegende Heu war durch den Luftzug aufgeflammt und auf das Vieh gefallen, so daß an 50 Stück Vieh verloren gingen. Weil die Gräben eben zugefroren waren, auch überhaupt viel Eis war, konnte man nicht zeitig genug löschen."

Mit den Freiheitskriegen des Jahres 1813 kam nach einigen Jahren der Ruhe auch Ruhleben mit dem kriegerischen Treiben in Berührung. Gegen die unfreiwillige französische Besetzung Spandaus zogen drei preußische Batterien von Ruhleben aus in Richtung Zitadelle. Dem Bombardier Peter Schultze von der Haubitz-Batterie Baumgarten gelang es, durch einen Meisterschuß das feindliche Lager zu treffen. Das Geschoß flog in das gegnerische Pulvermagazin und sprengte die Bastion Königin der Zitadelle in die Luft. Von der Gegenwehr der Franzosen zeugte noch Jahre danach eine Kanonenkugel, die in einer Wand des Ruhlebener Gutshauses steckengeblieben war.

Von nun an nahm die Entwicklung Ruhlebens einen völlig veränderten Verlauf: 1821 erfolgte der Bau der Charlottenburger Chaussee, 1823 wurde der Elsgraben angelegt (bis 1886 schiffbar). Mit dem Bau der Lehrter Bahn erhielt Ruhleben schließlich eine Beziehung zum aufblühenden Großstadtverkehr, ferner entstanden die bereits erwähnte Trabrennbahn, ein „Auswandererbahnhof" und im Ersten Weltkrieg ein Lager für gefangene Engländer. – Heute sind diese Objekte vergessen, die Legenden und Histörchen, die sich einst um das Vorwerk Ruhleben rankten, gehören der Vergangenheit an. Übriggeblieben ist nur eine lokale Bezeichnung, ein Flurname, der in dem modernen Industrierevier weiterlebt.

4. Ein Pavillon auf den Pichelsbergen.

Auch dieser Spaziergang stellt einen Ausflug in die Vergangenheit dar. Er ist dabei aber gleichzeitig eine Anregung zu einer „Trimm-Dich-Wanderung", die an den Ufern des Stößensees ihren Ausgang nehmen könnte. Hier, auf der Höhe des Pichelsberges nördlich der Heerstraße und oberhalb des Stößensees, zwischen Havelchaussee und Glockenturmstraße, stand noch bis vor wenigen Jahren ein Pavillon, dessen bewegte Vergangenheit zu unserem Rückblick anregte.

Dieser Pavillon wurde vermutlich um 1798 vom Grafen Ka-

Charlottenburg/Pichelsberg: Ruinenrest des ehem. Pichelsberger Pavillons (Aufnahme 1961).

meke als Belvedere neben einem kleinen, um 1750 erbauten Forsthaus errichtet. Die Entstehung des aus der „Gilly-Zeit" stammenden Bauwerks ist jedoch ebenso geheimnisvoll geblieben wie sein Ruf. Infolge der ständig wechselnden Besitzverhältnisse rankten sich allerlei Legenden um diesen Bau, den schließlich dann der märkische Dichter-Pfarrer Schmidt von Werneuchen als „Götzentempel" bezeichnete.
Kurz nach 1800 besaß der Pirschjäger Busse das Grundstück am Seeufer, ab 1805 dann der Jäger und spätere Kgl. Förster Heinrich August Grove. In dieser Zeit war der Pavillon oft das Ziel der königlichen Familie, die während ihrer Ausritte gern einen Blick vom Belvedere aus über die Havel genießen wollte. Seit jener Zeit hieß der Pichelsberg im Volksmund „Prinzenberg".
Die nachfolgenden Jahre brachten dem Anwesen auf der dichtbewaldeten Anhöhe einige militärische Episoden ins Haus. Als 1806/07 die Franzosen Spandau belagerten, kam es zu einem Zusammenstoß zwischen französischen und preußischen Soldaten in dem unwegsamen Gelände am Pichelsberg. Durch die List des Försters aber, der den Preußen zu Hilfe kam, konnten diese sich bis zum Pavillon durchschlagen und sich über eine geheime Falltür auf den Dachboden retten. Jene aber glaubten an einen Spuk und mieden fortan die „Höhe voller Geistergrauen". Somit konnte das Gebäude die Belagerung ohne Schaden überstehen.
1813 waren dann für kurze Zeit Russen in dem Haus einquartiert. Am 2. Mai 1819 fand schließlich aus Protest gegen die im selben Jahr erfolgte Ermordung des russischen Staatsrates August von Kotzebue im Pavillon eine Zusammenkunft statt, bei der in Anwesenheit der Professoren Schleiermacher, de Wette und Hegel die gastgebenden Studenten sicherlich keine leichte Aufgabe zu bewältigen hatten.
Zu diesem Zeitpunkt war der Pavillon bereits im Besitz des Berliner Bankiers Wilhelm Christian Benecke, der 1829 zum Baron von Gröditzberg geadelt wurde. Dieser erweiterte von 1818–29 seinen Besitz um die weiter unten am See gelegenen Floßwärter- und Schmiedegrundstücke. Doch schon zwei Jahre später, 1831, wurde der Förster Grove erneut Eigentümer sämtlicher Grundstücke am Pichelsberg. Von ihm er-

warb schließlich der Oberinspektor des Kgl. Opernhauses zu Berlin, Daubner, das Anwesen. Von nun an kam Leben in den verträumt daliegenden Pavillon. Die Feste wurden gefeiert, wie sie fielen. Künstler der Berliner Bühnen gaben sich auf dem Pichelsberg ein Stelldichein nach dem anderen. Aber auch diese Zeit war nichts anderes als eine Episode.
Das Anwesen ging bald darauf an Daubners Sohn über. Dieser legte auf der Höhe einen Weinberg an, verkaufte allerdings den Besitz kurze Zeit später an Conrad Herold, der jetzt die Gaststätte „Seeschloß" (heute Arca-Atelier) am Seeufer eröffnete. 1921 fiel das Grundstück an den Baumeister Friedrich Henssler. Seine Witwe übertrug schließlich das bei den Luftangriffen im November 1943 stark beschädigte Gebäude ihrem Schwiegersohn Horst von Abercron.
Der Pichelsdorfer Pavillon, ursprünglich unter Denkmalschutz stehend, ist heute vom Erdboden verschwunden. Lediglich alte Chroniken und ein von J. H. A. Forst gemaltes Aquarell halten die Erinnerung an dieses Bauwerk wach.

VIII. Spandaus Geschichte in Stichworten.

Geographische Lage: Spandau grenzt im Norden an den Kreis Oranienburg (DDR) und an den Bezirk Reinickendorf, im Osten an die Bezirke Charlottenburg und Wilmersdorf (die Havel bildet hier die natürliche Grenze), im Süden an den Ortsteil Wannsee (Havel) und den Stadtkreis Potsdam (DDR) und im Westen an die Kreise Potsdam und Nauen (DDR).
Gebietsumfang: 8.650 Hektar (1974/75).
Einwohnerzahl: 214.000 (1974/75).
Historische Entwicklung: Erste urkundliche Erwähnung als „Spandowe" im Jahre 1197. Dicht an der Spreemündung auf einer Talsandinsel in der Havelniederung wurde Ende des 12. Jahrhunderts eine askanische Burg errichtet. Gegenüber am westlichen Havelufer auf dem sogenannten „Kolk" erste Ansiedlung, „Suburbium Bens (Behnitz)", südlich der Burg auf dem rechten Spreeufer der „Alte Kietz", südwestlich vom Bens planmäßige Marktsiedlung (Altstadt). 1232 Verleihung des Brandenburgischen Stadtrechts. 1239 Fundation

des kurz zuvor gegründeten Benediktinerinnenklosters. 1240 Verleihung des Ortes Bens an die Stadt. 1330 Ansiedlung von Gärtnern auf dem „Stresow". 1560 Schloß Spandau abgerissen, Neubau einer Festung. 1578 Errichtung der Pulverfabrik. 1558 Vereinigung der Klostergüter mit dem Amt Spandau. 1722 Gewehrfabrik errichtet. 1745 Immediastadt. 1800 Spandau wurde in vier Viertel aufgeteilt: Berliner-, Stresower-, Heide- und Klosterviertel.

Vor dem Berliner Tor: die Festung und der sogenannte „Plan", vor dem Charlottenburger Tor: der Stresow, vor dem Potsdamer Tor: das Klostervorwerk, der „Rote Adler" und die „Krummen Gärten" und vor dem Oranienburger Tor: das Kämmereivorwerk, verschiedene Meiereien und Weinberge. Erweiterung der Stadt Spandau im Norden im 18. Jahrhundert als „Oranienburger Vorstadt" (seit der 2. Hälfte des 19. Jahrhunderts „Neustadt" genannt), im Südwesten „Potsdamer Vorstadt" (später „Wilhelmsstadt"), seit 1900 stärker bebaut. Seit 1900 auf dem „Nonnendamm" östlich Spandau die „Siemensstadt" errichtet. Bis zur 2. Hälfte des 19. Jahrhunderts Siedlungen außerhalb der Ratsjurisdiktion: der Damm, der Kietz, der Plan und das Kloster- bzw. Amtsvorwerk mit Pertinenzien.

Der Bezirk Spandau (8. Verwaltungsbezirk von Berlin) umfaßt heute neben der alten Havelstadt Spandau und den bereits genannten Siedlungen folgende ehemalige Gemeinden und Dörfer: seit 1872 die Etablissements „Klosterfelde", „Klostermühle" und „Klosterhof" (vorher Gutsbezirk Spandau-Land), seit 1897 die Häusergruppe „Altes Fenn" und die „Försterei" sowie die Häusergruppe „Radeland", seit 1910 die Gutsbezirke „Haselhorst" und „Sternfeld", ferner die Etablissements „Eiswerder", „Salzhof" und „Valentinswerder". Mit der im Jahre 1920 erfolgten Eingemeindung in Groß-Berlin fielen außerdem die ehemaligen Gutsbezirke und Gemeinden an Spandau: Etablissement „Pichelswerder" und Schutzbezirk „Pichelsberg" (Anteil). Seit 1931 gehören zum Verwaltungsbezirk Spandau die Wohnplätze „Bocksfelde", ehem. Pulverfabrik, „Falkenhagener Feld", „Hakenfelde", „Johannisstift", „Pichelswerder", „Radeland", „Ruhleben", „Waldsiedlung Spandau", „Zitadelle Spandau", „Spandauer Weinberge", die Inseln „Eiswerder", „Großer und

Kleiner Wall" und „Valentinswerder" ferner die ehemaligen Dörfer „Gatow", „Kladow", „Pichelsdorf", „Staaken" und „Tiefwerder" sowie die „Siemensstadt" (Enders, 1972).

GATOW: 1272 wird das Straßendorf als „Gatho" erstmals urkundlich erwähnt. 1351 „Gotowe", 1375 „Gatow, Gothow, Gotow", 1450 „Ghotow", 1459 „Gattov". Der Flurname kommt aus dem Slawischen und bedeutet „Ort des Gothe"; möglicherweise aber auch Ableitung von „godny" – würdig, wert, oder von „gotowac" – kochen.

KLADOW: 1267 wird das Platzdorf erstmals genannt. 1375 „Clodow, Cladow". Der Flurname leitet sich vom slawischen Wort „Clada bzw. Clado" – Balken, Baumstamm ab. Der Ortsname bezieht sich auf den in dieser Gegend vorhandenen Waldreichtum, er kann sich aber auch auf die Fischerei (Steganlagen) beziehen.

PICHELSDORF: 1375 wird das Gassendorf als „Pychelstorp" erstmals urkundlich erwähnt. Der Flurname entstammt der Vokabel „Pichel bzw. Pich" – Pech. In dem Gelände wurde in früheren Jahren Holzteer gewonnen.

PICHELSWERDER: 1733 wurde das Forstrevier („auf dem Werder bey Pichelsdorff") erstmals genannt. 1800 „Pichelsdorfsche Werder", 1861 „Pichelswerder".

STAAKEN: 1273 wird das Straßendorf „Stakene" erstmals urkundlich genannt. 1336 „Staken", um 1500 „Stacken". Das Dorf lag früher in einer wasserreichen und morastigen Gegend. Daher ist anzunehmen, daß sich der Flurname von der Vokabel „Stak" – Pfahl (ital. Staket – Pfahlwerk) ableitet.

TIEFWERDER: 1816 wird das neue Gassendorf „auf dem Tiefwerder" urkundlich genannt. Der Flurname hat eine geographische Bedeutung: Die Fischer vom Spandauer Burgwall wurden in einer Niederung (auf dem tiefen Werder) in dem, in den Jahren 1816–1823 neu angelegten Fischerdorf angesiedelt.

Unter Denkmalschutz gestellte Bauwerke in Spandau:

Ortsteil Spandau: 1. Katholische Kirche St. Marien, Behnitz 9, 2. St. -Nikolai-Kirche, Reformationsplatz, 3. Ehem. Lazarett, Moritzstraße 9, 4. Batardeau, Im Stabholzgarten, 5. Stadtmauer, Viktoriaufer (Grundstück Kinkelstraße 48), 6. Wohnhaus, Mittelstraße 14–15, 7. Stadtmauer, Hoher Steinweg 7, 8. Wohnhaus, Behnitz 5, 9. Wohnhaus, Carl-Schurz-

Straße 41, 10. Hotel „Zum Stern", Carl-Schurz-Straße 47, 11. Wohnhaus, Ritterstraße 1a, 12. Wohnhaus, Breite Straße 20, 13. Zitadelle, Am Juliusturm, 14. Ehem. Schulhaus, Reformationsplatz 5,
Ortsteil Staaken: 15. Amalienhof, Hauptgebäude, Reimerweg.
Ortsteil Siemensstadt: 16. Schaltwerk-Hochhaus der Siemens-Schuckert-Werke AG., Nonnendammallee 101–110, 17. Siemens-Wernerwerk, Hochhaus, Siemensdamm 50–54, 18. Siedlung Siemensstadt, Jungfernheideweg Ecke Mäckeritzstraße.
Ortsteil Gatow: 19. Dorfkirche Gatow, Alt-Gatow, 20. Gutshaus mit Stallgebäude und Remise, Buchwaldzeile 43–47, 21. Wohnhaus mit Scheune in Fachwerk und Speicher, Alt-Gatow 65, 22. und 23. Wohnhäuser, Alt-Gatow 67 und 69.
Ortsteil Kladow: 24. Dorfkirche Kladow, Alt-Kladow, 25. Schloß Neukladow mit Kavalierhaus und anschließender Mauer, Neukladower Allee 12 (Gesetz- und Verordnungsblatt für Berlin, 18. März 1971).

IX. Zwischen Siemensstadt und Haselhorst.

1. Ein Architekt bei Siemens.
Eine zeitgenössische Schilderung der Berliner Straßen lautete anno 1780 folgendermaßen: „Unsere Straßen sind so schlecht gepflastert, daß jeder Fremde bald über Fußschmerzen in den Sohlen klagt. Berg und Tal wechseln, besonders auf dem Bürgersteig, miteinander ab; und man läuft an dunklen Abenden Gefahr, zu stürzen und die Knochen zu brechen. In der Mitte der Straßen befinden sich große Vertiefungen, und die Steine stehen oft weitläufig auseinander, so daß bei Regen sogleich ein fast undurchdringlicher Kot entsteht. An den Gebäuden liegen tote Tiere und allerlei Schmutz in Mengen, so daß die Luft schnell verpestet ist. Ein wahres Glück ist es bloß, daß Berlin Ostwinde hat, welche die faulen Dünste ziemlich flugs mit sich reißen!" Glaubt man heute dem Chronisten, dann erfaßt den Zeitgenossen bestimmt ein Grauen, und er wird sich glücklich schätzen, im 20. Jahrhundert zu leben.

Schwierig war es auch, sich in der Stadt zu orientieren. Im Berliner Raum und auch in Spandau gab es erst im ersten Viertel des 18. Jahrhunderts Straßenschilder. Vor dieser Zeit orientierte man sich an markanten Punkten, wie z. B. an Kirchtürmen, großen Plätzen oder dekorativen Bauelementen hochherrschaftlicher Häuser.
Von den Straßen, Wegen und Plätzen der Stadt Spandau ist im Jahre 1232 nur einer bekannt: der Marktplatz. Alte Aufzeichnungen lassen darauf schließen, daß entsprechend den damaligen Verhältnissen eine Lokalisierung der Gassen und Plätze zwar bestand, eine feststehende Bezeichnung aber nur auf mündlichen Überlieferungen beruhte. Erst im Jahre 1723, also fast fünfhundert Jahre später, wurden die Straßennamen auf Blechtafeln an Hausecken und Wegkreuzungen angeschlagen, und 1754 erhielten die Häuser zum ersten Mal Nummern.
Eine spezifizierte Benennung der Straßen erfolgte in ganz Berlin im Jahre 1813. Der Magistrat ging dabei von zwei Faktoren aus: lokalen Bezeichnungen, z. B. Marktplatz, und richtungsanzeigenden Namen, z. B. Heidetor Nach. 1813 hatte neben der Stadtverwaltung noch der Polizeipräsident das Vorschlagsrecht. Jetzt sah man oft von den Ortsbezeichnungen ab und bediente sich statt dessen der Namen von Fürsten, Militärs oder anderen „verdienten Personen".
Wenn wir hinsichtlich der Straßennamen das räumlich begrenzte Spandauer Industrierevier Siemensstadt betrachten, so erscheint es zwar auf den ersten Blick verwirrend, jedoch bleibt der Konnex gewahrt, denn allein dreizehn Straßen innerhalb der Großsiedlung tragen die Namen von früheren leitenden Mitarbeitern der Siemens-Werke. Der Ortsteil Siemensstadt wurde in den Jahren 1928 bis 1931 aus dem Boden gestampft. Er ist Wohnstätte für eine breite Bevölkerungsschicht. Daß seine Entwicklung sich nahezu reibungslos vollzog, verdankt man jenen Männern, die durch ihre hervorragenden Arbeiten den Grundstein für die heutige Produktionsstätte gelegt haben. Wenn wir heute durch dieses Industrierevier bummeln, fallen uns die markanten Klinkerbauten auf, deren kühne Konstruktionen das Ortsbild beherrschen. Weniger bekannt sind die Lebenswege der Männer, die diese Industriebauten schufen.

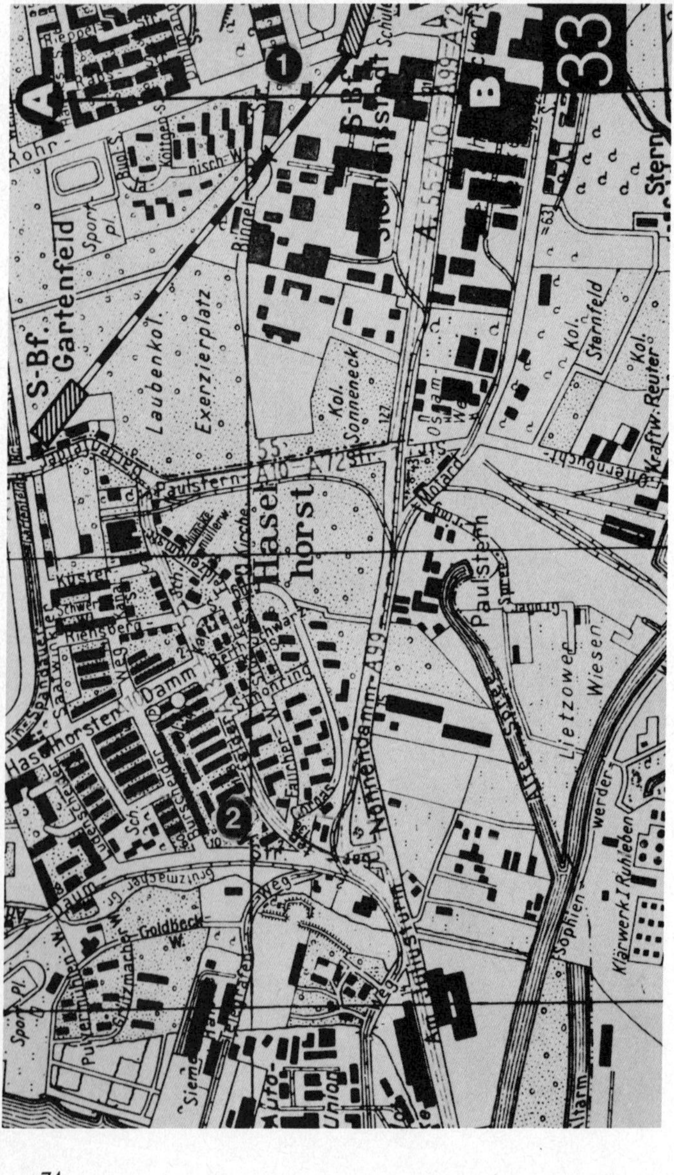
A
B
33
1
2
S-Bf. Gartenfeld
Sport pl.
Rohr-
Laubenkol.
Exerzierplatz
Paulstern-
Hasel horst
Kirche
Kol. Sonneneck
Kol. Sternfeld
Kol. Kraftw. Reuter
Paulstern
Lietzower Wiesen
Alte Spree
Nonnendamm
Haselhorster Damm
Riensberg
Simonring
Grützmacher Gr.
Goldbeck W.
Pulvermühlen-W.
Sport pl.
Am Juliusturm
Sophienwerder
Klärwerk I Ruhleben
Altarm
Ufa
Union

Der heute mit Charlottenburg-Nord zusammengewachsene Bezirksteil Siemensstadt wurde von der Architektengemeinschaft „Der Ring“ erbaut, dem die namhaften Baumeister Walter Gropius, Hugo Häring, Otto Bartning und Hans Scharoun angehörten. Zwei andere Architekten wirken auf dem nach dem Gründer des heute größten Unternehmens der deutschen Elektroindustrie benannten Gelände ebenfalls tatkräftig mit: Karl Janisch und Hans Hertlein. Beide Männer waren Pioniere auf dem Gebiet der Konstruktion von Industriebauten. Sie legten, dem Gesetz der Zweckmäßigkeit gehorchend, ihre Arbeiten nicht mehr nach architektonisch-formalen Gesichtspunkten an. Vielleicht waren sie sogar die Vorläufer, die richtungsweisend die Bauten der Ring-Gemeinschaft beeinflußten.
Mit dem Erwerb des ersten Grundstücks am Nonnendamm in Spandau im Jahre 1897 wurde der Anfang für den größten Berliner Produktionsbetrieb gemacht. Auf dem weitläufigen Gelände zwischen der Spree im Süden, Haselhorst im Westen und dem Hohenzollernkanal im Norden, begann dieses Industrierevier, dessen charakteristische Gestalt wohl einmalig für Berlin ist, kontinuierlich zu wachsen.
Aus der Zahl der Persönlichkeiten, die so in Siemensstadt gewirkt haben und an die heute einige Straßennamen erinnern, greifen wir hier nur eine heraus und zeichnen ihren Lebensweg auf. Der Königliche Baurat Karl Janisch war von 1898 bis 1917 im Haus Siemens tätig. Unter Leitung dieses klar denkenden und kraftvollen Mannes begann sich das Bauschaffen grundlegend zu wandeln.

Zwischen Siemensstadt und Haselhorst

1. Siemensstadt (zwischen Nonnendamm, Paulstern- und Gartenfelderstraße, Saatwinkler Damm und Jungfernheide).

Fahrverbindungen: Buslinien 10, 55, 72, 99 und S-Bahnhof Siemensstadt.

2. Durch das Industrierevier Haselhorst.

Fahrverbindungen: S-Bahnhof Gartenfeld, Buslinien 10, 13, 55.

Den Bedürfnissen des Produktionsbetriebes entsprechend, wurde nach dem Nützlichen und Zweckmäßigen für die Gestaltung der Fabrikbauten gesucht. Janisch hatte bald erkannt, daß es beim Anlegen industrieller Bauwerke vor allem darauf ankam, die spätere Entwicklung und den Ausbau des Betriebes im Auge zu behalten. Um rasch und rationell bauen zu können, beschäftigte er sich schon frühzeitig mit der Normung von Bauteilen, die dann auch in den Bauwerken der Siemensstadt ihre Anwendung finden sollten.

Für das Haus Siemens schuf Karl Janisch in Spandau den umfangreichen Baukomplex des alten Wernerwerkes und das 1904–05 erbaute Kleinbauwerk. Unter seiner Leitung entstanden im selben Jahr das Dynamowerk, das Automobilwerk und die Eisengießerei, 1908 dann das Blockwerk und in den Jahren 1911 bis 1912 das neue Kabelwerk in Gartenfeld und zuletzt das Verwaltungsgebäude. Nach der Fertigstellung dieser Bauten wurde das ehemalige Berliner Werk vor der Markgrafenstraße 1905 als „Wernerwerk" an den Nonnendamm verlegt.

Karl Janisch aber, dessen kühne Ingenieurphantasie ihm immer wieder neue Aufgaben stellte, wechselte nach 1917 das Feld seiner Tätigkeit. Mit der durch die Seeblockade hervorgerufenen Lieferschwierigkeiten von Chile-Salpeter wurde Deutschland gezwungen, eigene Produktionsstätten zu finden. Dem großen Organisationstalent Janischs war es zu verdanken, daß innerhalb kurzer Zeit in Zusammenarbeit mit den Bayerischen Stickstoffwerken gewaltige Fabriken in Piesteritz und Chorzow entstanden, die den Bedarf der deutschen Landwirtschaft an Düngemitteln decken sollten. Hinzu kamen in den folgenden Jahren die Industriebauten der Roßlauer Tetralinwerke für das Reichsmarineamt sowie Fabrikanlagen in Oberbayern an der Alz mit eigenen Kraftwerken. Außerdem beschäftigte sich Janisch mit der Entwicklung von drehbaren Luftschiffhallen, die eine sichere Landung der gerade erprobten Luftschiffe gewährleisten sollten.

Als der Baurat Karl Janisch am 29. Mai 1946 in Schwegermoor/Oldenburg im Alter von sechsundsiebzig Jahren starb, nahm ein Leben, gekennzeichnet von fröhlichem Humor, großer Menschlichkeit und einem überdurchschnittlichen Können, sein Ende. Geblieben ist für die Nachwelt der Grundstein einer gesunden baulichen Entwicklung der Siemensstadt.

2. G. A. Daum, der Begründer der Haselhorster Industrie.
Mit dem Namen Haselhorst wird heute die Bezeichnung für einen Spandauer Ortsteil verbunden, der sich zu einem wichtigen Industrierevier innerhalb der Berliner Wirtschaft herausgebildet hat. Haselhorst ist heute für viele Berufstätige längst zur „zweiten Heimat" geworden. Daß diese Beziehung zwischen Mensch und Industriebetrieb aber nicht erst neueren Datums ist, vermitteln alte Chroniken aus der Geschichte der einstigen Havelresidenz Spandau. Wie wahr dies ist, beweisen folgende Aufzeichnungen:

1590 wird der Flurname „Haßelhorst" erstmals im Erbregister des Amtes Spandau erwähnt. 1745 heißt die Gemarkung dann „Plahn" und wird hundert Jahre später, 1848, vom Rittergut Plan mit Rücksicht auf die gleichnamige Gewehrfabrik in Haselhorst umbenannt. Zur Art und Verfassung der Siedlung nebst Gemeindezugehörigkeit ist weiter vermerkt, daß Haselhorst ein Rittergut mit militärfiskalischen Etablissements und einer Kolonie ist, zu der auch der Gutsbezirk mit dem Gasthaus Waldschlößchen-Haselhorst gehört. Im 19. Jahrhundert wird das Etablissement Paulstern bzw. Sternfeld (1874) eingemeindet. 1910 fällt der Gutsbesitz und auch Sternfeld der Stadtgemeinde Spandau zu. 1931 ist Haselhorst ein Wohnplatz im Ortsteil Berlin-Siemensstadt, der schließlich 1957 im Verwaltungsbezirk Spandau aufging.

Mit dem Gut Haselhorst, das östlich der Zitadelle lag und das zeitweilig als „Altes Vorwerk" bzw. „Vorwerk auf dem Plan" bezeichnet wurde, verbindet der Heimatkundler auch die ehemalige Konservenfabrik, die auf dem Gutsgelände im Jahre 1892 in Betrieb genommen wurde. Das klassizistische Gutshaus von Haselhorst, 1817 durch den Generalpächter des Invalidenhauses zu Berlin, Oberamtmann Grützmacher, erbaut (es wurde im Juli 1965 auf Antrag des Berliner Bausenators abgerissen) war einst der architektonische Mittelpunkt in dem weitläufigen Gelände der Feldmark. Jedoch stand es in jedem Fall, sieht man von seiner bewegten Vergangenheit, die Fehlspekulationen, Zwangsversteigerung und schließlich Auflösung des Betriebes brachte, einmal ab, immer im Schatten der kontinuierlich anwachsenden industriellen Entwicklung des Haselhorster Gebietes.

Diese Entwicklung kam aber nicht von ungefähr. Maßgeblichen Anteil an dem Ausbau verschiedenartigster Wirtschaftsformen im Haselhorster Bereich hatten nämlich Kaufleute und Handwerker, die, weit vorausschauend, längst die Notwendigkeit erkannt hatten, mit Hilfe des Fiskus' das industriell kaum genutzte Gelände für gewerbliche Zwecke auszubauen. Einer dieser Männer war nun Gottfried Adolph Daum, dessen Lebensweg an dieser Stelle kurz aufgezeichnet werden soll.

Pulverfabrik und Waffenherstellung, zwei Vokabeln, die mit dem Namen Daum auf das engste verknüpft sind, haben ein eigenes Kapitel Spandauer Lokalgeschichte geschrieben. – Gottfried Adolph Daum, als Sohn eines Advokaten am 15. Juni 1679 in Großenhain/Sachsen geboren, erregte schon bald nach beendeter Militärzeit die Aufmerksamkeit seines Landesherrn. Durch enormen Fleiß, gefördert durch persönliche Energie und kaufmännische Begabung, rückte er schnell in das Blickfeld der Öffentlichkeit und damit in die Gunst König Friedrich Wilhelms I.

In jener Epoche wurden Handel und Gewerbetätigkeit durch den König wohlwollend gefördert. Viele Industriezweige siedelten sich an Spree und Havel an, wobei sich ein reger Wettbewerb zwischen den einzelnen Manufakturen und Handwerksbetrieben entspann. Zur Unterstützung der preußischen Eigenwirtschaft wurden außerdem fremde Fabrikanten angesiedelt. Die Koordinierung übernahm der „biedere Pommer", General von Blankensee, der zum Präses der Ansiedlungskommission für die Friedrichsstadt ernannt worden war und diese Gegend mit fleißigen und tüchtigen Menschen zu besiedeln versuchte.

Daum, der jetzt die günstige Entwicklung der Wirtschaft erkannte, verbündete sich mit David Splittgerber, einem Bürgermeistersohn aus Jakobshagen in Pommern. Der neue Kompagnon, der als Buchhalter in der Gregoryschen Handlung zu Berlin bereits einschlägige Erfahrungen gesammelt hatte, brachte nicht nur ein kleines Kapital in das junge Un-

Kunstvoll verzierte Fahne der Königl. Munitionsfabrik Spandau im Heimatmuseum Spandau.

ternehmen ein, sondern vor allen Dingen auch die erforderlichen Vorschläge und Initiativen, die bereits in wenigen Jahren zum Erfolg der gemeinsamen Arbeit führen sollten.
1712 gründeten Daum und Splittgerber in einem Berliner Mietshaus eine „Waren- und Kommissionsfirma". Das Handelshaus erwarb sich schnell die Protektion des Königs, der nicht nur die finanziellen Mittel zur Verfügung stellte, sondern auch der Firma beträchtliche Aufträge übertrug. Daum erhielt für das Unternehmen große Summen des sogenannten „Franzgeldes", d. h. Geld aus den Händen des Königs, das sich als „beste Währung" auszeichnete. Der erhoffte Erfolg blieb auch nicht aus. Das Unternehmen unterhielt bald darauf zahlreiche geschäftliche Beziehungen mit vielen europäischen Gesellschaften.
Aus dem „Zwei-Zimmer-Unternehmen" war in kürzester Zeit eine finanzstarke Firma erwachsen, die Klingenschmieden und Eisenspaltereien besaß und die 1719 die Kupfer- und Messinghämmer zu Neustadt-Eberswalde sowie die Spiegel-Manufaktur zu Neustadt an der Dosse gepachtet hatte. Als dann in Spandau und Potsdam im Jahre 1722 die Gewehrfabriken unter Daums Leitung gegründet wurden, war der wirtschaftliche Erfolg kaum noch zu überbieten. Der Industriezweig wurde zum größten preußischen Unternehmen der Metallverarbeitung!
Drei Jahre später eröffnete der Partner Splittgerber in Rußland eine Handelskompanie, die nun ihrerseits in den Wettbewerb mit den Engländern trat. Diese Firma übernahm jetzt die Versorgung der russischen Armee mit Uniformstoffen. Im Warenaustausch importierte die Handelsgesellschaft nun Talg, Hanf und Juchten nach Spandau. Daum und Splittgerber hatten ihr Ziel erreicht. Der Aufstieg vom kleinen Kaufmann zum Großhändler mit einem eigenen Geldinstitut war geglückt. Als Daum am 7. Februar 1743 in Berlin verstarb, hinterließ er seinem Geschäftspartner ein gesichertes und gediegenes Unternehmen, der Nachwelt aber nur seinen Namen, der heute auf einem kleinen Straßenschild in Haselhorst zu finden ist.
Hier, etwa zwischen dem S-Bahnhof Gartenfeld und der Gemarkung Plan, liegt die „Daumstraße", die auf der einen Seite von Wohnhäusern, auf der anderen Seite von einem

riesigen Industriegelände begrenzt wird. Diese Industriegegend steht, wie wir erfahren haben, in echter Beziehung zum Namen Daum.
Bereits im 19. Jahrhundert bestand diese Straße, allerdings nicht in ihrer heutigen Form, sondern nur als einfacher Weg. Dieser verlief vor den Wällen der Spandauer Pulverfabrik, die von 1838 bis 1919 hier stand. Etwa im ersten Viertel unseres Jahrhunderts wurden große Teile des Geländes parzelliert, und um 1930 entstanden dann die ersten Bauabschnitte der Reichsforschungssiedlung in Haselhorst, östlich der Pulverfabrik. Der einfache Karrenweg wurde im Zusammenhang mit der Bebauung den modernen Verkehrsverhältnissen angepaßt und 1919 in Erinnerung an den oben zitierten Kaufmann in „Daumstraße“ benannt.
Wer heute durch das Haselhorster Industrierevier seinen Weg antritt, wird kaum die Vergangenheit, geschweige die ersten wirtschaftlichen Anfänge in diesem Gelände spüren. Nur einige Straßennamen erinnern an den Wagemut vergangener Geschlechter, und diejenigen unter uns, denen diese Namen Schall und Rauch sind, haben hier vielleicht einen kleinen Einblick in die vergangene wirtschaftliche Entwicklung ihrer Heimat erfahren.

X. Ein Bummel durch die Spandauer Altstadt

1. „Hie guet Spandowe allewege!“
Verfänglich für den Sachkundigen und oftmals wenig erschöpfend für den Laien sind kurze Schilderungen eines Ortes, der durch eine Fülle an geschichtlichen Erinnerungen längst bekannt ist. Wenn wir uns trotzdem mit der folgenden Plauderei in Spandaus City wagen, dann bringt dieser Exkurs für den Alteingesessenen sicherlich nichts Neues; vielleicht erweckt er aber ein wenig Interesse und Aufmerksamkeit für einen Berliner Ortsteil, der durch seine bemerkenswerte Bebauungstruktur für die alte Reichshauptstadt etwas fast Einmaliges darstellt. Dieser Spaziergang ist also in erster Linie für den Nichtspandauer gedacht, der die historischen Reize meist nur von seinem Auto aus kennengelernt bzw.

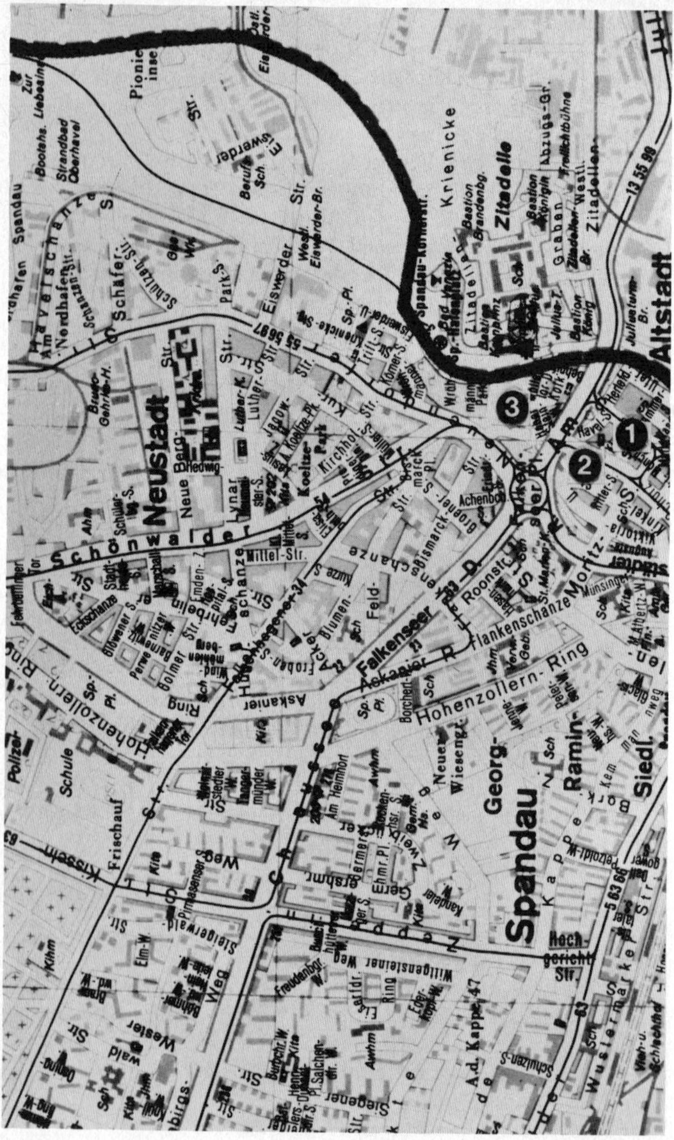

Neustadt
Zitadelle
Altstadt
Spandau
Schönwalder
Hohenzollern-Ring
Falkenseer
Georg-
Ramin-
Siedl.
Krienicke
1
2
3

wahrgenommen hat, der aber, vielleicht aus Unkenntnis, um diese „Objekte" stets einen großen Bogen gemacht hat. Wer dagegen die Mentalität der Spandauer kennt, der weiß, daß das stolze Wort „Hie guet Spandowe allewege" noch heute seine Gültigkeit besitzt.

Das „Gesetz- und Verordnungsblatt für Berlin" bringt in Nummer 24 des 27. Jahrgangs eine Liste der unter Denkmalschutz gestellten Bauwerke. Unter der Rubrik „Spandau" findet man 25 Gebäude und Anlagen, die als schutzwürdig empfohlen werden. Sie befinden sich in den vier Spandauer Ortsteilen; nämlich 14 in Spandau selbst, 3 in Siemensstadt, 5 in Gatow, 2 in Kladow und 1 in Staaken.

Neben Wohnhäusern aus dem 18. und 19. Jahrhundert, den letzten noch verbliebenen Stadtbefestigungsanlagen aus dem 14. Jahrhundert, den beiden mittelalterlichen Dorfkirchen in Gatow und Kladow sowie den neuzeitlichen Architekturschöpfungen im Industriezentrum Siemensstadt, rundet die ehrwürdige Nikolaikirche, der wohl markanteste Spandauer Bau, das Bild dieser traditionsreichen Stadt ab. Sie ist nämlich nicht nur das größte und imposanteste Baudenkmal der Havelstadt, sie ist mit weitem Abstand auch das interessanteste Bauwerk im Herzen Spandaus.

Die Geschichte St. Nikolais ist in fast allen Einzelheiten hinreichend bekannt. Wenn die aus der zweiten Hälfte des 14. Jahrhunderts stammende Backsteinhallenkirche mit ihrem wuchtigen Turm und dem mächtigen Satteldach naturgemäß als erstes die Blicke der Spaziergänger auf sich zieht, so sollten aber auch die in unmittelbarer Nähe stehenden weiteren Baudenkmale nicht unbeachtet bleiben. Es sind z. B. das

Ein Bummel durch die Spandauer Altstadt.

1. *Rund um den Reformationsplatz.*
2. *Wohnhäuser Kinkelstraße 35 (Wendenschloß), Ritterstraße, Breite Straße und Mittelstraße (ehem. Birkenschule).*
3. *Stadtmauerreste Viktoriaufer und Hoher Steinweg. Batardeau, Stabholzgarten.*

Fahrverbindungen: Buslinien 13, 55, 99.

ehemalige Wohnhaus des Arztes Ludwig Heim, das Schinkelsche Kriegerdenkmal von 1816 und das Denkmal für den Kurfürsten Joachim II. auf dem Reformationsplatz.
Dieses von Prof. Erdmann Encke geschaffene Standbild wurde am 1. November 1889 in Anwesenheit des Prinzen Friedrich Leopold und vieler Spandauer Ehrengäste auf dem Platz vor der Nikolaikirche enthüllt. Anlaß für die verspätete Ehrung war eine Aufzeichnung aus dem Jahre 1666, die von dem Fürstlich Brandenburgischen Landschaffts Rath Georg Renschel in dem „Brandenburgischen Stammbaum" niedergeschrieben worden war. Hierin heißt es u. a.: „Joachimus II., Markgraf und sechster Churfürst von Brandenburg, ward Anno 1605 den 9. Januarri geboren . . . nachdeme auch sein Herr Vatter Anno 1535 verstorben, hat Er sich der Regierung mit großem Fleiß und Ernst angenommen, auch bald hernach, nemlichen Anno 1539, sich öffentlich vor die Evangelische Religion erkläret."
Das Denkmal beherrscht, sieht man von der Nikolaikirche ab, das Bild des Reformationsplatzes. Die aufrechtstehende Gestalt des Kurfürsten könnte vom Spandauer Lokalpatriotismus zeugen, haben die Havelstädter doch seit altersher ihre Tradition bewahrt und ihre Verbundenheit zur eigenen Stadtgeschichte bekundet.

2. Wendenschloß und andere merkwürdige Gebäude.
Von den alten Sehenswürdigkeiten ist auf Spandauer Boden nicht mehr viel vorhanden. Von dem Alten, Ehrwürdigen, sind heute lediglich die Nikolaikirche, die Zitadelle und einige Mauerreste anderer profaner Bauten aus vergangenen Epochen erhalten geblieben. Längst vom Erdboden verschwunden sind beispielsweise das so oft zitierte Benediktinerinnen-Kloster (abgerissen 1626) und das Lynarsche Schloß (abgerissen 1898) aus dem, als es schon zum Zuchthaus umgebaut worden war, im Jahre 1850 Carl Schurz seinen Freund und Lehrer Gottfried Kinkel befreite.
Andere, zwar nicht so bedeutende, aber dennoch reizvolle Gebäude im Kolk, auf dem Behnitz oder in der Altstadt, konnte man zum Glück der Nachwelt erhalten. Sie präsentieren sich heute größtenteils im neuen Gewande und vermitteln dem Betrachter noch ein wenig von der Romantik

Spandau/Mittelstraße 14: ehem. „Birkenschule". Erbaut 1862.

und Tradition vergangener Zeiten. Spandaus Altstadt ist doch sehenswert geblieben! Ein Spaziergang durch die kleinen Straßen und engen Gassen mit ihren alten, schiefen Häusern ist lohnend, und man kann durchaus ein Wochenende dazu benutzen, diesem Berliner Stadtteil an Spree und Havel einmal seine Reverenz zu erweisen.
Nehmen wir als Ausgangspunkt eines Spazierganges das Haus Kinkelstraße Nr. 35. Es wird im Volksmund „Wendenschloß“ genannt, eine Bezeichnung, die den Unkundigen an ein Haus fürstlicher Bewohner aus der Slawenzeit erinnert. Das ist aber nicht so! Das Wendenschloß ist ein altes Ackerbürgerhaus, das seinem Baustil nach in die Mitte des 18. Jahrhunderts eingegliedert werden muß. Eine genaue Datierung durch Urkunden über dieses ehemals wertvollste Fachwerkhaus aus der Spandauer Altstadt ist nicht möglich, da durch den Brand des Jahres 1620 nahezu die ganze Stadt in Schutt und Asche niederging und eventuell vorhandene Unterlagen verbrannten. – 1967 mußte dann das Gebäude wegen Baufälligkeit abgebrochen werden. Glücklicherweise erinnerte man sich aber der Spandauer Tradition. An der selben Stelle entstand kurze Zeit später ein Neubau, der den ehemaligen vorderen und seitlichen Bautrakt im Aufriß fachgerecht kopiert hat.
Von dem sehr hübsch anzusehenden Gebäude, dessen breites, korbbogenförmiges Haustor mit mittlerer Schlupftür bäuerliche Bauweise bekundet, gelangt man in wenigen Minuten zur Ritterstraße. Diese gehört nun zu den kurzen Querstraßen des Altstadtovals und verbindet die Carl-Schurz-Straße mit der Kinkelstraße. Auch hier bewahrt die nördliche Straßenseite den historischen Charakter des Gebietes. Der mit Klinkern ausgemauerte Fachwerkbau, Ritterstraße 1a, dessen einfaches Satteldach durch eine Fledermausluke ausgezeichnet ist, stammt aus der zweiten Hälfte des 18. Jahrhunderts. Das Haus steht unter Denkmalschutz. Neben diesem Gebäude erhebt sich auf hohem Sockel ein zweigeschossiges Wohnhaus (Ritterstraße 4). Es wird der Zeit um 1860 zugerechnet. Das dritte Haus in dieser Straße – Nr. 6 – wurde 1969 abgerissen. Es entstand 1680, also kurz nachdem die Jüden- (heute Kinkel-)straße wieder aufgebaut worden war.

Weitere, ebenfalls unter Denkmalschutz gestellte Wohngebäude stehen in der Breiten Straße auf den Grundstücken Nr. 20, Nr. 42 und Nr. 43. Zwei von ihnen sind besonders hervorzuheben. Es sind die Häuser Nr. 20 und Nr. 42. Während das erste Haus bereits um 1800 in klassizistischer Bauweise errichtet wurde und deutlich den Stil David Gillys (z. B. die stilisierte Akanthusranke oberhalb der seitlichen Achsen) erkennen läßt, ist das zweite Gebäude aus der Zeit um 1885. Der Bau ist ebenfalls zweigeschossig, verfügt aber im Gegensatz zum ersten über ein Mezzanin (Zwischengeschoß). In der Toreinfahrt erkennt man einen viereckigen Wappenschild, der einen Baum darstellt und die Inschrift „Im Grünen Baum" trägt. Tatsächlich war das Haus lange Zeit ein stark frequentierter Ausspann, der schließlich im 19. Jahrhundert in eine Theaterstätte umgestaltet wurde.
Schließlich sei noch auf ein weiteres „merkwürdiges" Gebäude hingewiesen: Das Haus Mittelstraße Nr. 14, ein „typisches Beispiel der den Rayonbestimmungen unterworfenen Vorstadtarchitektur der Festungsstadt", zieht unwillkürlich die Blicke der Spaziergänger an. Auffällig an dem Fachwerkhaus ist die Geometrie der Anlage. Der langgestreckte, zweigeschossige, mit einem Ziegelwalmdach versehene Bau wirkt wohlproportioniert. Die „rhythmische Gruppierung der Fenster innerhalb des rechtwinckligen Fachwerksystems", die symmetrische Konstruktion sowie die gleichmäßige Aneinanderreihung der vorstehenden Balkenköpfe geben diesem Gebäude eine vortreffliche Einheit.
Das Haus war ursprünglich der erste Schulbau in der damaligen Oranienburger Vorstadt. Es wurde am 13. 10. 1862 als „Birkenschule" eröffnet.

3. Wehranlagen – Relikte aus vergangenen Tagen.
Trotz ihrer geographisch bevorzugten wie verkehrstechnisch begünstigten Lage, mit dem Vorhandensein der zwei schiffbaren Flüsse Spree und Havel und der Havelfurt mit den auf sie zuführenden wichtigen Handelsstraßen, die u. a. aus Hamburg, Lübeck und Magdeburg in die Stadt verliefen, entwickelte sich die Havelsiedlung wesentlich schwerfälliger als beispielsweise die Doppelstadt Berlin-Coelln. Schuld daran war die spezifische Entwicklung der Havelstadt: Spandau

wurde bereits im 16. Jahrhundert zum militärischen Vorposten der Residenzstadt Berlin „degradiert". Die Folge davon war, daß die über einem Schachbrettgrundriß errichtete Stadt bei ihren angestrebten baulichen Veränderungen mannigfache Schwierigkeiten in Kauf nehmen mußte. Die künstliche Einschnürung der Stadt durch Festungs- und Befestigungsanlagen sowie durch militärische Verordnungen (Glacis und Rayonbestimmungen) wirkten sich derart negativ auf die räumliche Ausweitung aus, daß Spandau erst nach seiner Entfestigung in den Jahren 1908–10 (Berlin-Coelln wurde schon 1734 entfestigt!) größere Flächen in der Altstadt bebauen konnte (Schultze, 1972).
Dem aufmerksamen Spaziergänger dürften diese Auswirkungen nicht verborgen bleiben. An mehreren Stellen in der Spandauer Altstadt wird nämlich die Vielfalt der Baustile deutlich. Hier wechseln Wohnhäuser aus der ersten Hälfte unseres Jahrhunderts mit Kasernenbauten aus längst vergangenen Tagen ab. Besonders augenfällig werden uns aber jene „mittelalterlichen Zeugen", die heute als bescheidene Relikte an Spandaus einstige Selbständigkeit erinnern. Es sind die Reste der alten Stadtmauer, die hier im Herzen Spandaus noch mit rund zweihundert Metern vorhanden sind. Sie befinden sich am Viktoriaufer (zwischen Stephan- und Moritzbrücke) und am Hohen Steinweg (in der Nähe des Kolk).
Beide Stadtmauerreste sind von der belebten Carl-Schurz-Straße zu erreichen. Bei ihrem Anblick wird man zwar nicht an die Anlage in Bernau erinnert, dennoch stellt dieses Mauerwerk eine bemerkenswerte Bereicherung des oft gepriesenen Spandauer Altstadtmilieus dar. Die Geschichte der Spandauer Stadtmauer geht auf das Jahr 1319 zurück. Über dreißig Jahre wurde an der Befestigung gebaut. Sie ging um 1350 ihrer Vollendung entgegen. In den darauffolgenden Jahrhunderten mußte das Bollwerk mehrmals instandgesetzt werden. Der ursprünglich mit einem Zinnenkranz bekrönte Mauerabschluß wurde 1726 durch eine Dachsteinabdeckung ersetzt. In dieser Zeit diente die Stadtmauer weniger als Befestigungsanlage ,vielmehr bekam sie mehr und mehr den Charakter einer Zollmauer und den einer militärischen Grenze, die Fahnenflüchtige zurückhalten sollte. Von nun an galt das umfriedete Areal innerhalb des Spandauer Vertei-

Spandau/Viktoriaufer: Stadtmauerrest (14. Jh.) mit Rundturm (1920) am Mühlengraben.

digungssystems als „innerer Generalabschnitt“. 1860 setzte sich dann endgültig die Stadtverwaltung für den Abbruch der Wehranlage ein, die – wie wir bereits erfahren haben – der Spandauer Bauexpansion deutlich im Wege stand. Von 1880–87 wurde der größte Teil der Stadtmauer, 1920 ein weiteres Teilstück am Viktoriaufer niedergelegt.
Der verbliebene Rest an dieser Stelle (116 Meter lang und etwa 3 Meter hoch) lohnt für eine Stippvisite auf unserem Spandau-Exkurs. Obwohl hier völlig unhistorisch im Jahre 1920 am südlichen Ende ein Rundturm angebaut wurde, zeigt das verwendete Baumaterial – Feldstein und Ziegel in Klosterformat – recht gut die mittelalterliche Bautechnik. Die Straße, an der dieser Stadtmauerrest steht, hieß bis 1899 noch „An der Mauer“. Sie wurde erst wenig später zu Ehren der Kaiserin Viktoria (1840–1901), der Gemahlin Kaiser Friedrich III., in Viktoria-Ufer umbenannt. Mit dem Abbruch des weitaus größeren Mauerteils beseitigte man auch das in der Nähe stehende städtische Hirtenhaus.
Der zweite noch vorhandene Stadtmauerrest steht in der Nähe des Kolk am Hohen Steinweg. Er ist nur 78 Meter lang, dafür aber mit sechs Metern doppelt so hoch wie der am Viktoria-Ufer. Über einem kleinen Feldsteinsockel ragt die Mauer, die ebenfalls aus Ziegeln im Klosterformat besteht, in die Höhe. Im westlichen Teil der Anlage ist das Mauerwerk durch sogenannte Linsenbänder gegliedert. – Der Hohe Steinweg, der im 18. Jahrhundert noch nach der hier stehenden Schneidemühle „Mühlengasse“ hieß, erhielt wohl seinen Namen von der grobgepflasterten Straße und nicht, wie man annehmen könnte, von der Ziegelsteinmauer.
Bei unserem Gang durch die Spandauer Altstadt und dem Besuch der Befestigungsanlagen sollten wir einen Blick auf den Batardeau nicht versäumen. Die von dem Festungsarchitekten Vauban konzipierte Wasserstauanlage wurde 1847 fertiggestellt. Sie wurde zusammen mit einer zweiten während der in den Jahren 1841 bis 1855 erfolgten Neubefestigung der Altstadt angelegt. Der Batardeau – der Name kommt aus dem Französischen und bedeutet „befestigte Wasseranlage“ – diente zur Wasserstandsregulierung der Festungsgräben. Recht interessant an diesem Bau ist der „Bär“, ein aus Ziegeln abgedecktes rundes Türmchen sowie,die mit

Schießscharten versehene Mauer, die wahrscheinlich als Flankenschutz diente. Der aus Rathenower Ziegeln bestehende kleine Turm sollte ein Überreiten der Mauer verhindern.
Auch in diesem Fall wollen wir eine Erklärung des Straßennamens „Stabholzgarten“ nicht schuldig bleiben: Bei der Errichtung des neuen Spandauer Rathauses (1910–13) erhielt die an der Ost- und Südfront vorüberführende Straße den Namen Stabholzgarten, der an die frühere Lagerung von Salztonnenholz = Stabholz erinnern sollte. Eine Kämmereikassen-Abrechnung aus dem Jahre 1722 erwähnt hierzu folgende Notiz: „Zinß wegen des Platzes vorm Kloster-Thor auf der Hospital-Stelle, so zum Saltz Tonnen-Holtz Magazin abgeheget, von d. H. Holtzschreiber-Heerwag in Martio zu erfordern und kombt hier pro 1721 in Einnahme laut der Cammer Versprechen. 10 Rtl.“

XI. Im Gutsbezirk Amalienhof

1. Ein Gemälde erzählt Heimatgeschichte.
„Lazarus-“, „Johanna-“ und „Ulrikenstraße“ sind drei Straßenzüge, die bei Lokalhistorikern Erinnerungen an Spandaus Gutsgeschichte wach werden lassen und deshalb auch bei unseren Plaudereien Beachtung finden sollen. Der Anlaß für die nachstehenden Aufzeichnungen war ein Ölgemälde, das dem Chronisten im Januar 1970 durch einen Zufall in die Hände gefallen ist. Hier begannen Recherchen, die zu einem recht interessanten Ergebnis führten.
Südwestlich vom Stadtkern Spandaus liegen die drei genannten Verkehrswege, von denen die Johannastraße direkt auf das gleichnamige Stift an der Seeburger Straße stößt und hier ein Areal berührt, das im folgenden beschrieben werden soll. Als im Jahre 1873 ein Herr Berendes das Gut „Amalienhof“ in der ehemaligen Seeburger Lehnschulzenfeldmark an einen Justizrat Dr. Lazarus verkaufte, ahnte kaum jemand, daß dieser clevere Jurist neben seinen erfolgreichen Geschäftsmanipulationen auch soziale Pläne hatte. Julius Lazarus (1834–97) übernahm nicht nur das repräsentative Gutshaus, sondern auch die angrenzende Feldmark, um diese für eine

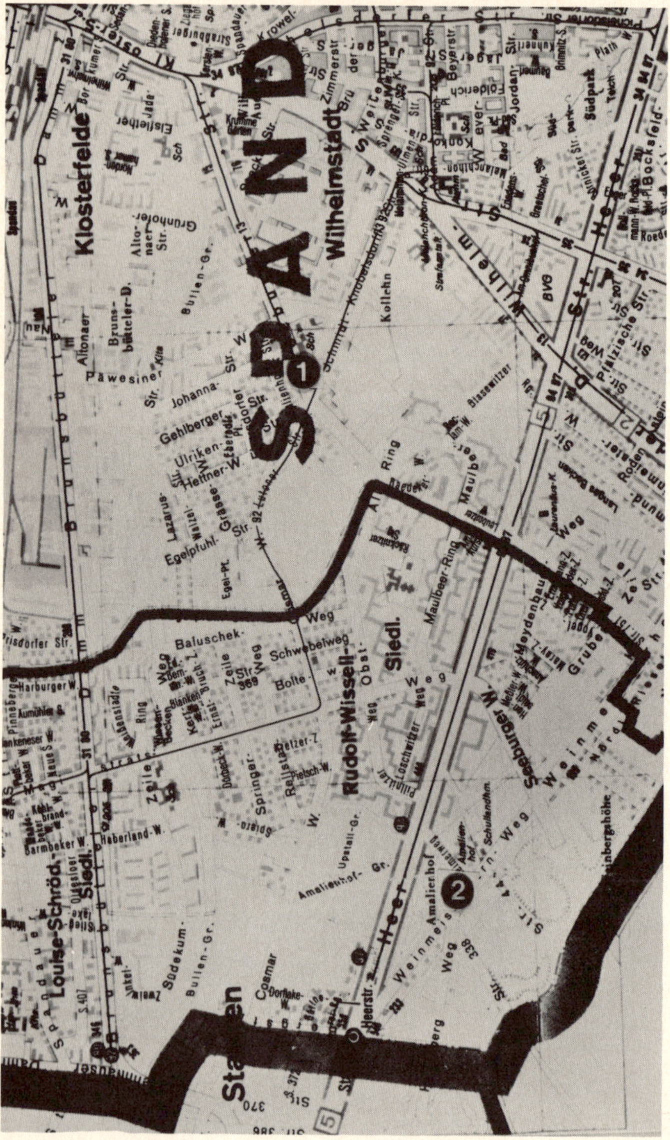
SPANDAU
Klosterfelde
Wilhelmstadt
Rudolf-Wissell-
Siedl.
Louise-Schröd.-
Siedl.
Amalienhof
Baluschek-Weg
Schwebelweg
Maulbeer-Ring
Seeburger W.
Weinmeisterhornweg
Heerstr.

Bebauung zu erschließen. Einige der kleinen Häuser an der Johanna- und Amalienhofstraße sind heute noch erhalten und außerdem das „Johanna-Stift“ an der Seeburger Straße.
Doch zunächst zurück zur Johannastraße: Anfang der 80er Jahre des vergangenen Jahrhunderts ließ der Justizrat im Zuge der Parzellierung des Geländes die kleine Straße anlegen, die seit etwa 1888 den Namen seiner ersten Ehefrau trägt. Da Lazarus Jude war, wurde die Straße in den 30er Jahren umgetauft, und erst nach 1946 erhielt sie ihren ursprünglichen Namen zurück.
Daß der neue Grundherr von Amalienhof ein äußerst aktiver Mann war, geht aus seiner Tätigkeit als Grundstücksspekulant hervor. Sein Ehrgeiz zeigt sich darin, daß er nach seiner zweiten Ehe dafür sorgte, daß der Name seiner beiden Lebensgefährtinnen auch für die Nachwelt in bleibender Erinnerung blieb. Schon bei der Spandauer Separation im Jahre 1860 wurde ein öffentlicher Weg ausgewiesen, der von der Seeburger Straße zum Brunsbütteler Damm führte. Als Lazarus' persönliche Bemühungen um eine Besiedlung der Gegend Erfolg hatten, schlug er den Spandauer Stadtvätern vor, den genannten Verbindungsweg zu Ehren seiner Frau „Ulrikenstraße“ zu nennen. Die Namensgebung erfolgte auch tatsächlich im Jahre 1890.
Den entscheidenden Beitrag zur Erhaltung seines Namens in der Heimatgeschichte lieferte Julius Lazarus mit der Gründung eines Damenstifts an der Seeburger Straße. Das „Johanna-Stift“ liegt nach wie vor in einem großen Park; drei einstöckige Häuser aus gelb-braunen Backsteinen wurden hier in den Jahren 1884 bis 1892 errichtet. Der Justizrat hat damit seiner sehr früh verstorbenen ersten Frau ein bleibendes Denkmal gesetzt.
Wie kam es zur Gründung dieses Altenheimes? Die Idee war relativ einfach: Lazarus veranlaßte Offizierstöchter, sich in

Im Gutsbezirk Amalienhof.

1. Johanna-Stift in der Seeburger Straße.
Fahrverbindung: Buslinie 13.
2. Schullandheim „Amalienhof“ am Reimerweg.
Fahrverbindungen: Buslinien 94, 97.

Spandau/Seeburger Straße 61: Bildnis der Johanna Lazarus (1840–1871) im Johanna-Stift.

jungen Jahren bei ihm für 1.000 Mark „einzukaufen". Das Geld benutzte er für den Bau des Stifts. Dafür konnten die Damen von einem festgesetzten Alter an bis zu ihrem Lebensende dort wohnen. Jeder Wohnraum in den drei Häusern bestand aus einer abgeschlossenen Anderthalbzimmerwohnung, und es hatte demzufolge den Charakter eines normalen Mietshauses. Wie günstig sich die Kapitalsanlage von 1.000 Mark erweisen konnte, erfuhr z. B. eine Mieterin: Sie lebte vierzig Jahre im Johanna-Stift!
Wie sieht es nun heute in dem Heim aus? In den drei Häusern mit insgesamt 36 Wohnungen sind alle Plätze belegt. Nach wie vor leben hier alleinstehende Damen. Sie zahlen eine Monatsmiete von nur 50 Mark. Dieser niedrige Preis scheint das Vermächtnis des Dr. Lazarus bis zum heutigen Tage aufrecht zu erhalten.
Bei unseren Nachforschungen sind wir nun auf das eingangs erwähnte Ölgemälde gestoßen. Wir fanden es im Haus Nr. 1 des Johanna-Stifts auf dem Boden.
Das Gemälde stellt eine hübsche junge Frau dar. Eingerahmt in einen schweren Ebenholzrahmen trägt es auf einem kleinen Messingschild den Text: „Johanna Lazarus, geb. Meyer, 24. 8. 1840 – 15. 12. 1871".
Dieses etwa hundert Jahre alte Bild könnte ein wertvoller Beitrag zur Spandauer Heimatgeschichte sein. Aber leider konnte die Leitung des Spandauer Heimatarchivs bisher nicht für seinen Erwerb begeistert werden. Anders verhielt es sich mit einem wesentlich kleineren Ölbild vom Gutshaus Amalienhof. Es wurde aus jahrzehntelangen Privatbesitz der Heimleitung von Amalienhof übermittelt und hängt jetzt im Foyer dieses Hauses.

2. Vom Vorwerk zum Jugendheim.

Kurz vor dem Grenzübergang Staaken liegt links von der Heerstraße, unweit des Seeburger Weges, in einem kleinen Park und umgeben von Laubenkolonien das ehemalige Gut Amalienhof. Es ist ein imposantes Gebäude mit reichverzierter Fassade, das inmitten der Einöde eher wie eine Trutzburg aussieht. „Amalienhof" – der Name ist heute nur die Bezeichnung für ein Schullandheim des Spandauer Bezirksamtes, er hält aber, wie wir bereits erfahren haben, ein bemer-

kenswertes Kapitel aus der Spandauer Stadtgeschichte wach. Bereits Ende des 18. Jahrhunderts erwähnt der damalige Spandauer Chronist und Pfarrer an St. Nikolai, Daniel Friedrich Schulze (1739–1811), im Zusammenhang mit seinen geschichtlichen Aufzeichnungen über Staaken den Namen „Klitzing". Die Klitzings bekleideten, wie die Annalen beweisen, im 16. und 17. Jahrhundert hohe militärische und geistliche Ämter in der Mark Brandenburg. Einer aus dem Geschlecht, Ludwig von Klitzing, besaß seit 1836 das Gut Amalienhof, das zu diesem Zeitpunkt noch „Klitzings Vorwerk" hieß. Aber nur vierzehn Jahre konnte er das Familiengut verwalten, dann wurde das Erbpachtverhältnis aufgelöst und der Besitz schließlich durch den Kaufmann Theodor Nitsch im Jahre 1855 mit dem benachbarten Seeburger Lehnschulzengut vereinigt.
1860 erhielt das Anwesen, wie bereits im vorangegangenen Kapitel geschildert, aufgrund einer königlichen Order den Namen „Amalienhof" (Veröffentlichung im „Allgemeinen Anzeiger für Spandau und Umgebung" vom 5. 9. 1860). Antragsteller war der neue Besitzer des Gutes, der Sohn des bekannten Verlagsbuchhändlers G. A. Reimer zu Berlin und Leipzig, Moritz Gebhard Reimer, der seinen Besitz nach seiner ersten Frau Amalie Posselt benannt wissen wollte.
Sechs Jahre später fiel Amalienhof an Adolph Berendes. Aber auch der neue Gutsherr wurde hier nicht glücklich. Im Jahre 1873 wechselte das Gut abermals den Besitzer. Berendes zog mit seiner Familie nach Charlottenburg. Neuer Hausherr wurde der Justizrat Dr. Julius Lazarus.
Soweit die authentischen Besitzverhältnisse bis zum Ende des 19. Jahrhunderts. Unklar ist, wann und durch wen das Gutshaus errichtet wurde. Die spätklassizistischen Architekturformen weisen den Bau in die Zeit von 1865 bis 75. Ähnlich verhält es sich mit der Innenraumausstattung. Hier ist deutlich das Repräsentationsbedürfnis der zweiten Hälfte des 19. Jahrhunderts spürbar, das Amalienhof als eine Art von Privatpalais zwischen Klassizismus und Biedermeier mit großem, in der Mitte zur Gartenseite gelegenen Hauptsalon ausweist.
Nachdem Lazarus Grundherr von Amalienhof geworden war, erfuhr das Herrenhaus umgehend eine andere Verwen-

dung. Es wurde ein Altersheim für die 1888 gegründete Kaiser-Friedrich-Stiftung. Ebenfalls unter Lazarus entstanden auf dem weitläufigen Gutsgelände zwei Ziegeleien (am Hahneberg und an den Schnitterbergen) sowie fünfzehn Wohnhäuser für je zwei Familien an der heutigen Obst-, Gärtner- und Maulbeerallee (1881/82).
Einige sind heute noch erhalten; das Gutshaus Amalienhof ging 1955 in den Besitz des Landes Berlin über, das es 1958 in ein Landschulheim umbaute. Heute erfüllt Kinderlachen die noch immer ländlich anmutende Einsamkeit. Julius Lazarus' Grundkonzept, seinen gesamten Besitz karitativen Einrichtungen zu übereignen, hat sich demnach bis in unsere Zeit erfüllt. Sein „Johanna-Stift" in der Seeburger Straße, die früh erkannte Form der Gründung einer sozialen Arbeitersiedlung und letztlich das heute für sozialpädagogische Zwecke genutzte Gutshaus Amalienhof sind bleibende Zeugen für die edelmütige Haltung einer Berliner Persönlichkeit aus dem vergangenen Jahrhundert.

XII. Landschaft an der Havel

1. Valentinswerder – einst Emigrantendomizil, jetzt Landschaftsoase.
Die landschaftliche Idylle des Tegeler Sees übt seit Jahrzehnten einen besonderen Reiz auf die Berliner Bevölkerung aus. Zahlreiche Inseln durchsetzen hier die Wasserfläche, und die endlose Zahl der Wochenendausflügler, die Jahr für Jahr auf den Fahrgastschiffen der „Weißen Flotte" oder in privaten Sportbooten über die Havelwogen gleitet, ist von dieser Naturkulisse begeistert. Der See mit seinen Inseln wurde längst zu einem Paradies für Wassersportfreunde und Angler. Als Lebensraum für Pflanze und Tier hat er darüber hinaus eine ebenso große Bedeutung erlangt wie als Wander- und Erholungsgebiet für die Menschen dieser Stadt.
Insgesamt umspannt die Uferlinie des Tegeler Sees eine Fläche von 461 Hektar, von denen 53 Hektar auf die sieben Inseln im See entfallen. Nach den letzten Peilungen hat das Gewässer zwischen den Halbinseln Reiher- und Gänsewerder seine größte Tiefe mit 16 Metern. Die durchschnittliche

Hakenfelde
Maselakeweg
Maselake-Kan.
Neustadt
Schönwalder
Hohenzollern-Ring
Kisseln
Südfriedhof
Sandwiesen
Radeland

Wassertiefe liegt nach den Ermittlungen des Wasserwirtschaftsamtes bei einem Seeinhalt von rund 32 Millionen Kubikmetern bei etwa 7,90 Meter.
Daß der Tegeler See in früheren Jahrhunderten eine starke wirtschaftliche Bedeutung erlangt hat, ist leicht vorstellbar. Ebenso wichtig wie der Fischreichtum des Gewässers war über Jahre hinaus auch die landwirtschaftliche Nutzung der einzelnen Inseln. An dem Beispiel Valentinswerders wollen wir die geschichtliche Entwicklung für den „Wasserwanderer“ aufzeichnen.
Mit etwa 0,4 Hektar Grundfläche ist Valentinswerder die zweitgrößte Insel im Tegeler See. Sie liegt im Südwesten des Gewässers, in jener flächenartigen Ausbuchtung der Havel, die in Tausenden von Jahren durch das Wasser ausgekolkt wurde. Ihr stadtgeographischer Standort ist die Mitte zwischen dem Reinickendorfer Bezirksteil Tegelort und der Spandauer Gemarkung Salzhof.
Obwohl Valentinswerder heute nicht mehr zu Spandau gehört, ist das Eiland eng mit der Geschichte der Havelstadt verknüpft. Jahrhunderte lang war es im Besitz des Amtes Spandau, das die Nutzungsvergabe bestimmte. 1931 unterstand die Insel noch dem Verwaltungsbezirk Spandau, der sie in den darauffolgenden Jahren infolge Neuregelung der Bezirksgrenzen an Reinickendorf abtreten mußte.
Um die Mitte des 18. Jahrhunderts trat Valentinswerder erstmals in das Licht der Öffentlichkeit, und dies in einer aufsehenerregenden Weise: Nach Mitteilungen des damaligen Inseleigentümers P. Haberkern im Monatsblatt „Brandenburgia“ wurde das Eiland im Jahre 1751 von der kurmärkischen

Landschaft an der Havel.

1. *Insel Valentinswerder (nordöstlich der Siedlung Hakenfelde).*

Fahrverbindung: Buslinie 13.

2. *Klinkeplatz und Schönwalder Allee nahe Forst Spandau.*

Fahrverbindung: Buslinie 54.

3. *Großer Wall (nahe Mertensstraße) und Kleiner Wall (nahe Maselake Weg) in der Havel.*

Fahrverbindungen: Buslinien 55, 56, 97.

Kriegs- und Domänenkammer dem steiermärkischen Emigranten Philipp Schupfer zur Nutzung überlassen. Vor diesem hatte das Amt Spandau aber ausdrücklich gewarnt, da der neue Kolonist ein Trinker war und daher leicht auf der Insel verunglücken konnte. Die königlich preußische Regierung nahm daran aber keinen Anstoß und meinte, das Trinken sei Schupfers Privatvergnügen. Doch das so fürsorglich denkende Amt Spandau sollte recht behalten, denn bereits ein Jahr später trank er nicht nur, sondern er ertrank. Als dann am 20. 12. 1757 die Insel Schupfers Sohn Josef übertragen wurde, begann das Spiel von neuem. Wiederum erhob das Amt vergebliche Einwände beim Fiskus, denn Josef Schupfer war dem Alkohol ebenfalls nicht abgeneigt. Der Junior bezog die Insel, ohne daß vorher irgendwelche Sicherheitsmaßnahmen getroffen wurden. So kam es, daß auch der Sohn blindlings in sein Verderben rannte. Eines Tages verwechselte auch er See und Flasche, Wasser und Alkohol und ertrank.
Nach diesen spektakulären Vorfällen sank die Insel, die übrigens ihren Namen von einem ihrer Vorbesitzer, dem Heiligenseer Bauern Valentin Lemke, erhalten hatte, wieder in einen Dornröschenschlaf. Lediglich die Havelfischer des domänenfiskalischen Fischereibezirks nutzten mit ihren Großgarnzügen Boom, Wederloch und Münche die der Insel vorgelagerte Wasserfläche.
Aber noch einmal sollte Valentinswerder in die Annalen der Berliner Heimatgeschichte eingehen: Um 1840 bezog der Hofopernsänger Heinrich Blume ein kleines Wohnhaus, das sogenannte Insel-Etablissement, auf dem Eiland. Zwar schien die Einsamkeit der herrlichen Naturkulisse Blumes künstlerische Leistungen positiv zu beeinflussen, jedoch wirkte sich die Abgeschiedenheit auch negativ aus. Bei schlechtem Wetter kam der Sänger oft zu spät zu den Aufführungen im Opernhaus, so daß sich Friedrich Wilhelm III. eines Tages veranlaßt sah, ihm sein altes Jagdhaus in Saatwinkel zu schenken. Dieses Haus war uns als Restaurant „Blumeshof“ bekannt.
Aus dem Etablissement auf Valentinswerder wurde zwanzig Jahre später ein Ackergehöft mit je zwei Wohn- und Wirtschaftsgebäuden. 1894 lebten auf der Insel zwei Schiffsfüh-

rer, ein Fährmann, ein Restaurateur und ein Rentner. Auch wenn inzwischen eine neue Generation die Insel bewohnt, so ist doch die Zeit hier stehengeblieben. Die wenigen Insulaner leben nach wie vor in einer paradiesischen Landschaft, aber weit entfernt von jeglichem Komfort. Noch immer dominiert hier die Petroleumlampe, der Spirituskocher und das Holzfeuer. Selbst das Trinkwasser wird einem Brunnen entnommen. Die Zeiten aber, in denen Kremserfahrten nach Valentinswerder unternommen wurden, sind vorbei, denn bereits nach dem 1. Weltkrieg schloß das Inselrestaurant seine Pforten.

2. In den Spandauer Stadtforst.

Berechtigte Sorge umfing vor einigen Monaten Berlins Förster, als die alarmierende Nachricht aus Spandau auftauchte, daß der dort im Gatter gehaltene Bestand an Schwarzwild von der Schweinepest befallen sei. Diese Viruserkrankung, die gewöhnlich von zahmen Schweinen oder durch Küchenabfälle von Schweinefleisch übertragen wird, ist unter dem Schwarzwild äußerst ansteckend; die Sauen gehen ein oder magern langsam ab bzw. sie werden teilnahmslos und verlieren jegliche Scheu vor dem Menschen. Dieser Fall trat nun im Spandauer Stadtforst ein. Den „Grünröcken" blieb darum nichts anderes übrig, als mehr als ein Dutzend Wildschweine zu erlegen. Den Waldspaziergänger, der zu jeder Jahreszeit seine Streifzüge durch den Forst unternimmt, kümmerten diese rigorosen Maßnahmen nicht.

Wer über die Schönwalder Allee, den Klinkeplatz überquerend, seinen Fuß in den Stadtwald setzt, der wird in kürzester Zeit das eben genannte Schwarzwildgatter erreichen. Vorher jedoch passiert man das am 18. 7. 1846 als Oberförsterei für den Spandauer Stadtwald erbaute Forsthaus, das seit 1951 als Revierförsterei Hakenfelde genutzt wird. Das Haus besteht aus einem zweigeschossigen Fachwerktrakt, dessen Schmalseite sich mit einem hohen Giebel der Straße zuwendet. Dieser ist von einem stark vorspringenden Dach mit Krüppelwalm überdeckt. Der niedrigere Nebenflügel hat ein breites Satteldach, in das später ein Mansardenausbau eingefügt worden ist. Ursprünglich war der Haupttrakt des Gebäudes mit einem Holzbalkon geschmückt.

Der Forst selbst, als drittgrößtes Waldgebiet West-Berlins (1.454 ha) ein lebenswichtiges botanisches Refugium, ist sowohl geologisch wie auch zoologisch, das interessanteste Waldgebiet der Stadt. Dieser grundwassernahe Wald mit seinen großen Mooren besitzt nämlich eine spezifische Tierwelt, die sich sehr stark von der der anderen Berliner Wälder unterscheidet. Ebenso reich an Laubbäumen und an unergründlichen Moorgebieten, bildet das riesige Talsandgelände ein ideales Studienrevier für den Naturwissenschaftler. Aber auch der Spaziergänger kommt auf seine Kosten! Außer dem bereits erwähnten Wildgatter hat die Berliner Forstverwaltung ein landschaftlich bemerkenswertes Rotwildgehege angelegt. Diejenigen, die keinerlei Interesse an der Fauna des Waldes haben, sondern den Forst nur zur Erholung und Entspannung aufsuchen wollen, können der Wegmarkierung folgen, die ihnen die Richtung des „Naturpfades" weist. Der Pfad beginnt am Bahnhof Spandau-Johannisstift und läuft etwa 40 Minuten nordwestlich bis zur Kreuztränke, von dort dann ostwärts über die Schönwalder Allee in abermals 35 Minuten, dann südöstlich zum Teufelsbruch, bis er schließlich nach weiteren 15 Minuten am Wirtshaus Bürgerablage endet.

Wer von dort zum Ausgangspunkt des Spazierganges zurückkehrt, wird vermutlich das bereits vorher bemerkte Kriegerdenkmal aufsuchen, um es zu betrachten. Professor Wilhelm Wandschneider, ein Schüler des bekannten Bildhauers Reinhold Begas, schuf das Standbild, das einen in Bronze gegossenen Krieger darstellt, der im Augenblick tödlicher Verwundung die linke Hand krampfhaft an die Brust drückt. Die rechte Hand hält das Gewehr, so daß man annehmen könnte, der Lebenswille beuge sich nicht vor dem Griff des Todes.

Die Vorgeschichte dieses eindrucksvollen Bildwerkes ist überliefert: Im deutsch-dänischen Krieg von 1864 hatten die Brandenburger Füsiliere den Auftrag, die Schanze Nr. II des dänischen Bollwerks Düppel auf der Halbinsel Alsen zu stürmen. Eine starke Palisade hinderte jedoch den Angriff, und die „Preußen" waren dem Sperrfeuer der Dänen ausgesetzt. In diesem Moment war ein rasches Handeln erforderlich. Der Pionier Karl Klinke (1840–1864) aus Spandau handelte schnell. Mit einem schweren Pulversack auf dem Rükken robbte er in die vorderste Front, um seinen Kameraden, die in einem Schützengraben nach einer Durchbruchsmöglichkeit suchten, zu Hilfe zu kommen. Kaum war Klinke in Deckung gegangen, da versuchten zwei Füsiliere eine Lunte zu entzünden, damit er den Pulversack gegen das schwere Hindernis schleudern konnte. Sofort nach diesem todesmutigen Unternehmen detonierte auch das brisante Pulver und riß eine große Lücke in den Palisadenzaun. Gleich darauf sprangen die Soldaten in die Festung, und es kam zu einem Kampf von Mann gegen Mann. Karl Klinke aber wurde, noch bevor er in die Festung eindringen konnte, von einer gewaltigen Stichflamme erfaßt. Mühsam versuchte er sich dennoch dem Gegner zu stellen, als ihn die Kugel eines dänischen Soldaten traf und er tot zusammenbrach.

3. Zwei Inseln und ein „Mäuseturm" in der Havel.

Im Gegensatz zu den bisher beschriebenen Spaziergängen wird sich der im folgenden geschilderte Wandervorschlag weitaus weniger strapaziös gestalten. Er wird nämlich nicht auf des „Schusters Rappen" unternommen, vielmehr wird sich dabei der unternehmungslustige Wanderer von den Berliner Binnenschiffern über die Havelwogen „schippern" lassen. Der Gedanke für diesen Ausflug erwuchs aus den naturgeographischen Gegebenheiten der Spandauer Landschaft. Hier findet man recht deutlich das einer Symbiose gleichende Verhältnis zwischen Land und Wasser, und wer darüber hinaus die natürlichen Reize des Havelstromes zu schätzen weiß, der wird oft im oder am Fluß seinem Wochenendvergnügen nachgehen.

Wer dagegen nur um der Heimatkunde willen sich über den Fluß fahren läßt, wird voraussichtlich wenig Lokalgeschichtliches bemerken. Die Inseln in der Havel, sieht man einmal von der Pfaueninsel oder Scharfenberg ab, geben kaum Nachricht von ihrer eigenen geschichtlichen Bedeutung. Dennoch haben die sechzehn Inseln und fünf Halbinseln der Berliner Havel eine nicht unbedeutende Vergangenheit. Oft sind es nur Winzigkeiten, die die Lokalhistorie beleben, aber gerade diese auf den ersten Blick unwichtig erscheinenden Fakten fügen letztlich das große Mosaikbild der Ge-

Der Spandauer „Mäuseturm“ auf der Havelinsel Kleiner Wall.

schichte zusammen. Es erschien uns daher angebracht, im Zusammenhang mit Spandau und der Havel zwei Inseln zu beschreiben, deren Geschichte kaum bekannt ist.
Die beiden kleinen, im Einzugsbereich der Spandauer Havel liegenden Inseln Großer- und Kleiner Wall haben früher im Blickfeld der Öffentlichkeit gestanden. Wie schon ihr Name sagt, liegt hier weder eine naturkundliche noch personengebundene Bezeichnung vor; ihre Benennung erfolgte vielmehr nach militärischen Gesichtspunkten, denn der Begriff „Wall" deutet schon auf einen zum Schutz errichteten Damm hin.
Die den Inseln gegenüberliegende westliche Festlandsseite gehörte bekanntlich zum Spandauer Festungsbereich. Als am 1. Januar 1879 eine Neueinteilung der Oranienburger und Potsdamer Vorstädte erfolgte, bildete diese Gegend den IX. Bezirk. Sie umschloß das Gebiet der Neuendorfer Straße und das Gelände rechts bis zur Havel. Im selben Jahr wurde auch mit dem Bau eines Militär-Arrestgebäudes in der Neuendorfer Straße begonnen sowie am 29. April die Kaserne in der Schönwalder Straße mit dem 1. Bataillon des 3. Garde-Grenadier-Regiments „Königin Elisabeth" belegt. Noch heute zeugen die unschönen gelbbraunen Gebäude von Spandaus Vergangenheit als preußische Garnisonsstadt. Aber die zu Stein gewordene Geschichte läßt die längst entschwundenen Zeiten nur ahnen, selbst wenn heute noch ein alter Uniformschrank aus dem letzten Viertel des vergangenen Jahrhunderts die einstige Kasernenatmosphäre symbolisch unterstreicht. Dieses Spind steht in dem Reviergebäude der Wasserschutzpolizei an der Mertensstraße. Wo heute aus diesem mit modernen Booten ausgerüstete Beamte ihren Dienst versehen, knirschten noch vor siebzig Jahren die „Knobelbecher" preußischer Soldaten im Ufersand.
Die dem Revier unmittelbar vorgelagerte Insel Großer Wall stand den Spandauer Pionieren als Übungsgelände zur Verfügung. Bekannt ist, daß von hier aus Pontons zur Insel gelegt wurden, deren praxisnahe Erprobung den späteren militärischen Einsatz vervollkommnen sollte.
Abgesehen von dieser militärischen Nutzung hatte das Eiland hauptsächlich eine fischereitechnische Bedeutung. Neben den Großgarnzügen „Großer Storm" und „Wederloch", die südlich und nördlich der Insel lagen, befand sich

zwischen dem Großen Wall und den Kreuzecken noch eines der fünf Wehre in der Oberhavel. Zwar hat sich hier im Laufe der Jahrhunderte einiges verändert, geblieben sind aber die „Jagdgründe“ der Spandauer Fischerdynastie Latendorf, die in der Havel seit Jahrzehnten in Anlehnung an die historischen Privilegien der Fischereisozietät Tiefwerder-Pichelsdorf eine Großgarnfischerei betreibt. Zum Latendorfschen Revier gehört u. a. auch ein am Nordostufer des Großen Wall auf Reusenbetrieb eingestellter Fischfangplatz, der durch Markierungsstangen für die Schiffahrt gekennzeichnet ist. Die Insel selbst, heute unter der Verwaltung des Bezirksamtes Kreuzberg stehend, wird kaum von Menschen besucht. Den wenigen auf dem Eiland zeltenden Campingfreunden bietet sie daher eine Oase der Ruhe.
Ein anderes Bild zeigt dagegen der im Volksmund „Liebesinsel“ genannte Kleine- oder Alte Wall. Dieses vierzig Meter breite und nur sechzig Meter lange Inselchen wird durch einen dichten Baumbewuchs fast erdrückt. Eine eigenartige Atmosphäre umfängt den unvorbereiteten Besucher, wenn er seinen Fuß auf das Eiland setzt. Im Schatten der Laubbäume liegen am Inselufer die wie eine Mauer wirkenden vierundzwanzig eng aneinandergefügten Lauben, die einen Durchblick zum Wasser fast verwehren. In der Mitte der Insel aber thront ein schmalbrüstiges Haus mit einem merkwürdigen Turm. Es ist das Restaurant „Zur Liebesinsel“.
Unklar ist die Geschichte dieses eigenartigen Anwesens. Aus alten Akten erfährt man, daß die in der Oberhavel zwischen dem Salzhof und der Spandauer Neustadt liegende Insel ebenfalls vom Militär genutzt wurde. Die Geschichte des burgartigen Hauses bleibt jedoch weiter im Dunkeln. Angeblich soll um 1880 ein wohlhabender Spandauer Bürger das Eiland für jährlich 200 Taler gepachtet und nach dem Vorbild des „Binger Mäuseturms“ im Rhein jenes Haus auf dem Kleinen Wall errichtet haben. An anderer Stelle heißt es wiederum, daß ein Spandauer Baumeister das turmartige Gebäude im Jahre 1905 erbaut habe. Vermutlich wurde aber der „Spandauer Mäuseturm“ als Aussichtsturm für die Spandauer Garnison benutzt.
Warum heißt aber heute die Insel so vollkommen unmilitärisch „Liebesinsel“? Die Erklärung hierfür ist einfach: Vor

rund achtzig Jahren durfte noch keine Frau die Insel betreten. Als aber die Soldaten aus den umliegenden Kasernen den Kleinen Wall nicht nur für militärische Übungen nutzten, sondern hier in lauschigen Sommernächten natürlichen Neigungen nachgingen und die Insel als „Liebesnest" benutzten, tauchte im Volksmund erstmals die triviale Bezeichnung auf. Soweit die Legenden. Nach Abzug der Soldaten und des daraus resultierenden Desinteresses für den Militärfiskus etablierten sich auf dem Kleinen Wall Angler, die kajütenähnliche Behausungen errichteten, aus denen später dann die heutigen Kleinstanwesen entstanden.

XIII. Haveldörfer Gatow und Kladow

1. Über die Gatower Rieselfelder.
Rieselfelder: landwirtschaftliche Nutzungsmöglichkeiten, Spekulationsobjekt für Grundstücksmakler oder Dorado für Ornithologen und Botaniker? Ein Fragenkomplex, der von allen drei genannten Interessengruppen auf das stärkste verteidigt wird und der daher in den folgenden Betrachtungen näher erörtert werden soll.
Vergleicht man die Gesamtfläche der Gatower Rieselfelder, die einschließlich Naturland, Wald und Wasserflächen sowie Wegen, Gräben usw. etwa 660 Hektar betragen, mit den anderen im Berliner Raum liegenden Rieselfeldanlagen, so wird man feststellen, daß die Spandauer Felder einen verschwindend geringen Teil der West-Berliner Gesamtfläche einnehmen. Im Gegensatz zu den großen Anlagen im Osten der Stadt entfallen auf die berieselte Fläche nur 365 Hektar, während der Rest (295 Hektar) mit dem Rieselgut Carolinenhöhe außerhalb West-Berlins liegt.
In letzter Zeit wurde häufig über eine bauliche Nutzung des Rieselfeldgeländes gesprochen. Dieses Thema rief die drei oben genannten Parteien auf den Plan, wobei sich heftige Diskussionen zwischen Landwirten und Naturschützern auf der einen Seite und den Stadtplanern auf der anderen Seite entspannen. – Bevor hierzu Stellung genommen wird, mögen die nachstehenden Zeilen einen geschichtlichen Überblick über die Entstehung dieser Anlagen vermitteln:

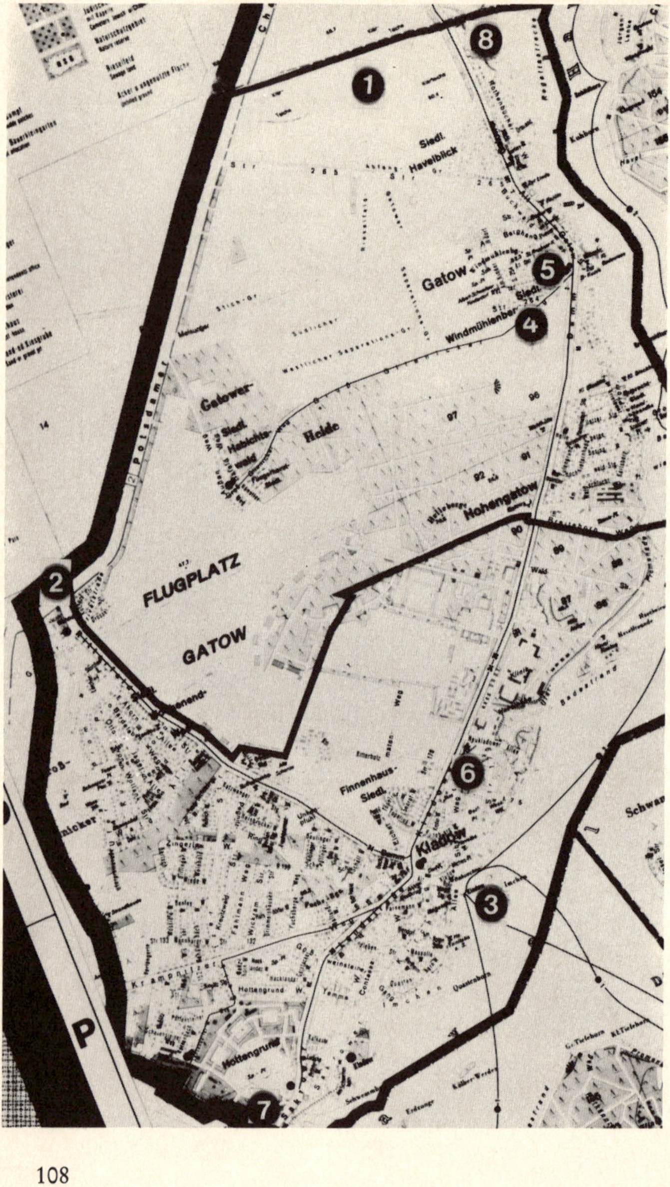
1
2
3
4
5
6
7
8
Siedl. Havelblick
Gatow
Windmühlenber
Gatower-
Heide
Hohengatow
FLUGPLATZ
GATOW
Finnenhaus-
Siedl.
Kladow
Schwan
P

noch zum Teil zur Unterbringung und Reinigung von Abwasser gebraucht werden.
Für die landwirtschaftliche Nutzung sowie die eventuelle Verpachtung des Rieselfeldgeländes waren und sind die Berliner Stadtgüter zuständig. Der Eigentümer der Felder, soweit es sich um den Gatower Bereich handelt, ist jedoch das Land Berlin, vertreten durch die Berliner Entwässerungswerke. Im Baunutzungsplan vom 28. 12. 1960 werden die Felder als Nichtbaugebiet ausgewiesen. Klarer definiert ist dagegen der Flächennutzungsplan vom 30. 7. 1965. Darin heißt es, daß Teilflächen als Parkanlagen, sogenanntes „öffentliches Grün", entlang der Potsdamer Chaussee in einer Breite von ca. 70 Metern (rund 22 Hektar) und entlang der Gatower Straße bzw. an der geplanten Umgehungsstraße um den Ortsteil Gatow in einer Breite von ca. 50 Metern (etwa 10 Hektar) erhalten bleiben sollen. Weitere Flächen bleiben als Baulandreservegebiet zwischen der Potsdamer Chaussee und den Straßen 265 und 269, also westlich des südlichen Rieselfeldgrabens, mit einer Flächengröße von rund 85 Hektar und im Raum südlich der Daberkowstraße, parallel zur Gatower Straße bis zur Straße 265 mit einer Flächengröße von etwa 117 Hektar liegen. Das übrige Rieselfeldgelände, so steht es lakonisch in einer amtlichen Mitteilung, ist als Fläche für die Landwirtschaft vorgesehen. Mit einer Bebauung soll in absehbarer Zeit nicht zu rechnen sein.

Wie weit man in diesem Fall optimistisch sein darf, werden die folgenden Monate zeigen. Ein Pendant zum Gatower Gebiet gab es nämlich noch vor einigen Jahren in Marienfelde. Hier hat man dem Naturfreund und dem erholungsbedürftigen Großstadtmenschen eine der letzten Oasen geraubt. An die Stelle von Wiesen, Weiden und Ackerland sind moderne Industriebauten getreten. Hier war das weitläufige Gelände einst ebenfalls ein ideales „Spaziergangsrevier".

2. Zum ehemaligen Rittergut Groß-Glienicke.
Am Ende der Potsdamer Chaussee, in Richtung auf den Ritterfelddamm, erblickt man ein merkwürdig gestaltetes Gebäude, das durch seine eigenwilligen Bauformen nicht recht in die märkische Landschaft passen will. Es erinnert eher an

ein englisches Kastell. Bedenkt man aber, daß man sich unmittelbar bei dem märkischen Dorf Groß-Glienicke befindet und daß hier einmal die Herren von Ribbeck lebten, so verfliegen schnell die britannischen Reminiszenzen. Die kläglichen Reste des einstigen Rittergutes – Wohnhaus und Einfahrtstor – weisen durch ihre Architekturelemente (Zinnenkranz, Konsolentürme, Rundblenden und Spitzbogenportal) die Gebäude in das Ende des 19. Jahrhunderts, selbst wenn der Stil der Portalanlage eher einer späten, romantischen Ritterburgengotik gleicht.

Die Geschichte des Groß-Glienicker Rittergutes ähnelt der anderen märkischer Herrensitze. Im 15. Jahrhundert wird die Familie von Falkenrehde als erster Grundeigentümer von Glienicke verzeichnet. Von 1571 bis 1769 waren die Ritter von Ribbeck im Besitz des Gutes. Danach fiel es an eine Familie Winning, die es bis 1836 behielt. Ihnen folgten die von Lengefeld. 1890 erwirbt schließlich ein Nachkomme des Weinbergbesitzers vom Rosenthaler Tor, Gottlieb Friedrich Wollank, das Rittergut.

Obwohl der neue Gutsherr, Rittmeister Otto von Wollank, seinen Besitz in eine Musterwirtschaft verwandelte und durch seine vorbildlichen sozialen Leistungen die Aufmerksamkeit des preußischen Hofes auf sich zog (hierfür wurde er 1913 in den erblichen Adelsstand erhoben), schien er mit dem Erwerb des Rittergutes das private Glück nicht gepachtet zu haben. Wie tragisch nämlich sein Leben endete und wie sein Ende gleichzeitig den Zerfall des Besitzes nach sich zog, schildert der „Berliner Lokalanzeiger“ im Jahre 1929:

„Ein schweres Autounglück, von dem Angehörige einer Alt-Berliner Familie betroffen wurden, ereignete sich gestern Nachmittag gegen 14 Uhr an der Kreuzung der Droysen- und Küstriner Straße (heute Damaschkestraße). Der betagte Rittmeister a. D. Otto von Wollank und seine Frau Else befanden sich mit der Krankenschwester Auguste Wiese in dem Wollankschen Auto, das von Groß-Glienicke nach Berlin unterwegs war. An der Ecke der Küstriner Straße wurde das Auto von einem anderen Kraftwagen angefahren und mit ungeheurer Wucht gegen ein Geschäftsauto geschleudert, das an der Bordschwelle hielt. Der Wollanksche Wagen wurde durch den Anprall völlig zertrümmert, und die drei Insas-

Groß-Glienicke/Ritterfelddamm: Wohnhaus und Spitzbogenportal des ehem. Rittergutes.

sen wurden unter den Trümmern des Autos begraben. Die Feuerwehr brachte die Schwerverletzten in das Achenbach-Krankenhaus, wo Frau von Wollank nach kurzer Zeit starb. Otto Friedrich von Wollank erlag drei Stunden später seinen Verletzungen."

Nach dem Tod des Rittmeisters wurde der überwiegende Teil des Grundbesitzes verkauft. Nach und nach gelangten die Ländereien an den Militärfiskus, der einerseits den Truppenübungsplatz Döberitz, zum anderen den Flugplatz Gatow erweitern wollte, und an verschiedene Siedlungsgesellschaften, die das weitläufige Terrain für Wohnbauten verwenden wollten. Nach Ende des zweiten Weltkrieges wurde der noch verbliebene Rest des Gutes enteignet und in Neu-Bauernhöfe aufgeteilt, von denen der größte Teil heute in der DDR liegt.

Wer daher heute vom Ritterfelddamm zum Gutshof gelangt, wird längst nicht mehr die alte Musterwirtschaft vorfinden. Auch die sprichwörtlich gewordene finanzielle Sicherheit der letzten Gutsbesitzerfamilie ist nicht mehr spürbar. So romantisch sich heute noch das burgartige Anwesen dem Betrachter präsentiert, so wenig erfreulich ist der derzeitige

Zustand der Bausubstanz. Die Rollen sind eben vertauscht. Ein Relikt vergangener Gutsherrenherrlichkeit vor Spandaus Toren geht unwiderruflich seinem Ende entgegen.
Das teilzerstört durch die letzten Kriegs- und Nachkriegszeiten gekommene Wohnhaus und das durch ein hohes Spitzbogenportal (Spandauer Tor) gekennzeichnete Einfahrtstor waren ehemals markante Teilstücke der symmetrischen Gutsanlage, die heute durch die Grenzbefestigungen zerschnitten ist.

3. Naturschutzgebiet Insel Imchen.
Unter den 27 West-Berliner Naturschutzgebieten und Flächennaturdenkmalen nimmt die Insel Imchen in der Unterhavel einen besonderen Platz ein. Ihre natürliche, urwüchsige Landschaft begünstigt ihre spezifische Aufgabenstellung als zoologisches Schutzgebiet. Obwohl das Eiland aufgrund wissenschaftlicher Untersuchungen nur zu den sogenannten Ergänzungs- und Reservegebieten zählt, bildet es gegenüber den anderen Berliner naturgeographischen Landschaftsformen ein mit besonderen typischen Tiergemeinschaften belebtes Naturschutzgebiet. Außerdem wurden bei botanischen Untersuchungen 115 verschiedene Arten von Farn- und Blütenpflanzen festgestellt. Diese Merkmale lassen erkennen, wie ernst es der Berliner Naturschutzbehörde ist, wenn sie mit allen ihr zur Verfügung stehenden Mitteln alle äußeren negativen Einflüsse, also auch das Betreten durch Wochenendausflügler, zu verhindern versucht.
So interessant und lohnend sich dieses Eiland nun auch den Botanikern und Ornithologen als Studienrevier darbietet, so wenig erschöpfend ist es für den Historiker. Schon die Deutung des Namens gibt Rätsel auf. Die Interpretation, daß „Imchen" sich von den Immen, also den Bienen, ableitet, ist nur eine Vermutung. Allerdings wurde in der Kladower Gegend über Jahrhunderte Bienenzucht betrieben.
Einen anderen Nutzen hatte die Insel als Weideland. Jahrzehntelang unterstand Imchen der Gutsverwaltung von Neu-Kladow, die das Eiland als Domäne bewirtschaftete. Da die flache Insel aber während der Hochwasserzeiten stets völlig vom Havelwasser überschwemmt wurde, entschloß sich der Eigentümer, die Insel durch Aufschüttung künstlich

zu erhöhen. Als dann um 1920 die Arbeiten abgeschlossen waren, wurde außer verschiedenen Baum- und Strauchkulturen eine kurze Lindenallee angelegt. Die Neugestaltung der Insel hatte schließlich zur Folge, daß Imchen plötzlich sein Interesse als Viehweide verlor. Unter dem Einfluß der damaligen Kladower Gutsverwaltung wurde beschlossen, das kleine Eiland aufzuteilen, um die einzelnen idyllischen Parzellen als teures Bauland zu verkaufen.
Mit dieser Ankündigung erwachte endlich der Berliner Fiskus. Von Befürwortern des Naturschutzes unterstützt, erwarb die Stadt Berlin 1924 die Insel und entzog sie somit dem Zugriff der Bodenspekulanten. Obwohl die Berliner Presse bereits im Sommer 1927 von einer Unterschutzstellung berichtete, sollten noch Jahre vergehen, bis die entsprechende offizielle Erklärung öffentlich bekanntgegeben wurde.
Die Ursache dieser langfristigen Planung war auch anscheinend damals schon in den verworrenen Besitzverhältnissen zu suchen. Der Kern der Insel gehörte nämlich der Stadt Berlin, dagegen war für das die Insel umgebende breite Schilf- und Röhrichtgelände der Wasserbaufiskus zuständig. Als schließlich eine für beide Seiten vernünftige Übereinkunft erfolgte, wurde mit der Unterschutzstellung das landschaftlich so reizvoll gelegene Inselchen für alle Zeit dem Eingriff des Menschen entzogen. Wie heute von der Landesstelle für Naturschutz- und Landschaftspflege Berlin, die dem Senator für Bau- und Wohnungswesen untersteht, zu erfahren ist, erfolgte die Erklärung zum Naturschutzgebiet am 9. 9. 1933 durch Veröffentlichung im Amtsblatt für den Landespolizeibezirk Berlin, Stück 80 vom 16. 9. 1933.
Die Schönheit und vor allen Dingen die Verschwiegenheit der einen Hektar großen Insel Imchen bietet heute in ihrem unberührten Zustand der heimischen Vogel- und Pflanzenwelt eine räumliche Isolation, auf die der ständig wachsende Wassersport und die nahe am Ufer vorübergleitenden Frachtschiffe keine wesentlichen negativen Auswirkungen haben. Der ursprünglich fast 15 Meter breite Schilfgürtel, der früher die Insel umschloß, ist zwar erheblich zurückgegangen, doch bildet die regenerierte Röhrichtzone wieder geeignete Laichplätze für die Flußfische. Damit ist Imchen, das als

Schutzgebiet einen fast überregionalen Wert besitzt, durch die Initiative der Berliner Stadtväter zu einem Paradies für Flora und Fauna geworden.

4. Vom Heereslager zur Filmkulisse.

Gatow, der ruhige ländliche Berliner Außenbezirk, hat, wie alle anderen Berliner Ortsteile, seine eigene Geschichte. Das märkische Dorf an der Havel wurde aber durch zwei Begebenheiten aus dieser Idylle gerissen: Es wurde zum Heereslager gewählt und später schließlich als Stummfilmkulisse auserkoren. Es lohnt sich,von diesen interessanten Wandlungen zu berichten.

Vom „Hohen Havelland", vorbei am „Seeburger Zipfel", gelangt man über die Rieselfelder zum Dorf Gatow. Das im Warschau-Berliner Urstromtal gelegene Straßendorf wurde 1272 erstmals urkundlich erwähnt. Obwohl dem Dorf recht günstige Verkehrswege offenstanden und die landwirtschaftliche Nutzbarkeit relativ gut war, blieb Gatow in den Anfängen der Besiedlung ein wenig beliebtes Ziel für die Kolonisten. Erst als die Spandauer Benediktinerinnen, die Gatow von 1258 bis 1558 im Besitz hatten, das Dorf an das Amt Spandau abtreten mußten, erlebte der Ort bessere Zeiten. Nach über dreihundert Jahren Patronatsherrschaft der Spandauer Nonnen fiel Gatow um 1590 in den Besitz der Herren von Ribbeck, die im benachbarten Groß-Glienicke saßen. Waren 1480 in Gatow nur drei Kossäten beheimatet, so zählte das Dorf hundert Jahre später bereits einen Lehnschulzen, acht Hüfner, drei Kossäten und einen Meier.

Etwa zweihundert Jahre später trat das verträumte Haveldorf erstmals in das Blickfeld der Öffentlichkeit. Im Zeichen der nahenden militärischen Ereignisse, die sich dann schließlich zum Siebenjährigen Krieg (1756–63) entwickeln sollten, hielt Friedrich II. auf den Höhen von Gatow ein Manöver ab. 44.000 Soldaten lagerten in und um Gatow. Der König ließ für sich und seinen Stab, dem u. a. die Feldmarschälle Keith, Schwerin und Kalckstein angehörten, Zelte auf den Weinbergen errichten, um von hoher Warte aus die Soldaten bei den Übungen besser überwachen zu können.

Die Rebstöcke waren nur von lokaler Bedeutung. Um 1420 erwähnt bereits ein Spandauer Chronist die Gatower Wein-

berge. Der Rat der Stadt Berlin pflanzte 1509 erneut Rebstöcke in Gatow an, in der Hoffnung, daß diese einen wirtschaftlichen Aufschwung für das Dorf bringen würden. Wie weit diese Hoffnungen sich erfüllten, ist heute nicht mehr zu ergründen. Es scheint aber, daß der „Gatower Riesling" keinen großen Anklang gefunden hat. Als dann im strengen Winter des Jahres 1745 sämtliche Rebstöcke erfroren, gab die Gemeinde den Weinanbau vollends auf.
Wiederum trat für Gatow eine Zeit der Ruhe und Beschaulichkeit ein. Das dörfliche Leben nahm seinen Verlauf, ohne daß schwerwiegende Ereignisse den Ort erschütterten. Erst mit dem Beginn des modernen Zeitalters erlebte Gatow eine neue Attraktion.
Als um die Jahrhundertwende die einzelnen Dörfer und Landgemeinden immer mehr dem Interesse des Fiskus unterlagen, entdeckte ein neuentstandener Berufszweig die Idylle des stillen Haveldorfes. Schuld daran war die auf dem Mühlenberg stehende Windmühle, die urplötzlich die Aufmerksamkeit von Filmproduzenten und Regisseuren erlangte. So kam es, daß 1923 eine Filmgesellschaft das Mühlengrundstück aufkaufte und hier unter dem Titel „Mordmühle" einen Film mit dem Stummfilmstar Lya de Putti drehte. Bei den Dreharbeiten wurde dann zum Schluß und vor allen Dingen zum Überfluß die Mühle in die Luft gesprengt. Dieser sinnlose Filmabschluß bedeutete auch ein Ende der Spandauer Windmühlen-Ära.
Anscheinend ist aber dieses künstlerische Fluidum aus Gatow nie ganz verschwunden. Erinnern wir uns: 1935 etablierte sich in dem Gutshaus des ehemaligen Privatgutes Pleiss ein Kabarett. Später hieß das Etablissement „Haus Gatow am See", danach nach seinem Besitzer „Haus Carow". Jedoch war auch in diesem Fall die Zeit der beschwingten Muse schnell vorüber, das Kabarett-Restaurant wurde Ende der 60er Jahre geschlossen. An seine Stelle trat ein hypermoderner Wohnkomplex.

5. Alt-Gatow und Neu-Kladow.

Die sieben Rittergüter und Herrensitze im Spandauer Gebiet zeigen von der Historie wie auch von ihrem heutigen Verwendungszweck her ein recht unterschiedliches Bild. Nur eines der ehemaligen Güter befindet sich noch in Privatbesitz. Es ist der bescheidene alte Gutshof in Groß-Glienicke. Die anderen, Amalienhof, Neu-Kladow, Alt-Gatow und Karolinenhöhe, stehen unter staatlicher Verwaltung. Die Gutshäuser Brüningslinden und Haselhorst wurden vor Jahren abgetragen. An dieser Stelle wollen wir die beiden ehemaligen Lehnschulzengüter Gatow und Kladow in unsere Betrachtungen einbeziehen.

Von der Neukladower Allee kommend, biegt man rechts in den Kladower Damm ein. Diese ehemalige Landstraße, die schon in früheren Zeiten die Dörfer Gatow und Kladow miteinander verband, führt direkt auf die Straße Alt-Gatow. Etwa in der Mitte des alten Dorfkerns führt ein schmaler Weg nach links in die Buchwaldzeile. Hier, inmitten alter Bäume, stehen drei Häuser, deren geschichtliche Vergangenheit kaum zu ahnen ist. Das größte Gebäude ist das Gutshaus Gatow. Es wird wie der Fachwerkstall und die benachbarte Remise zu den geschützten Baudenkmalen in West-Berlin gezählt.

Die Geschichte des Gatower Lehnschulzengutes ist relativ unkompliziert. Bereits 1375 wird im Landbuch der Mark Brandenburg, dem „Einnahmeverzeichnis" Kaiser Karls IV., im Ort ein Lehnschulze aufgeführt, der u. a. die niedere Gerichtsbarkeit ausübte. Im Laufe der nachfolgenden Jahrhunderte blieb das Gut weiterhin im Besitz der Schulzen, bis es im ersten Viertel des 18. Jahrhunderts in den Besitz der Familie von Ribbeck kam. Ihnen folgten in der Reihe der Besitzer mehrere Spandauer Bauerngeschlechter, von denen die Familie Pleiss den letzten Pächter stellte.

1929 wurde der Gutsbetrieb aufgegeben. Das Herrenhaus, das noch vor dem Jahre 1865 erbaut wurde, fiel um 1910 an die „Concordia Lebensversicherungsgesellschaft". In den Akten der Abteilung für Bau- und Wohnungswesen des Berliner Senats findet man heute als Eigentümer der alten Gutsgebäude die Reichshauptstadt Berlin verzeichnet. Benutzer des Grundstücks sind jetzt Berliner Polizeibeamte, denen man das Gutshaus als Revierwache zur Verfügung gestellt hat.

In unmittelbarer Nähe der oben genannten Gebäude steht die Ruine eines ehemaligen Wasserturmes (Buchwaldzeile

Kladow/Neu-Kladower Allee: Teilansicht des ehem. Gutshauses Neu-Kladow an der Havel. Erbaut um 1800.

Nr. 54). Der über einem oktogonalen Grundriß hochaufragende Quader besteht aus Ziegelmauerwerk, das nur durch einfache Gesimse unterteilt ist. Er diente in früheren Jahren dem Gutsbetrieb als Wasserspeicher. Alles in allem wecken diese wenigen Architekturreste kaum noch die Erinnerung an die einstige Gatower Gutsherren-Herrlichkeit.
Von der Geschichte her sieht es im benachbarten Kladow anders aus. In reizvoller landschaftlicher Umgebung steht unmittelbar am Havelufer das Schloß Neu-Kladow. Obwohl Dorf und Gut ebenfalls wechselnden Einflüssen unterworfen waren, erwies sich hier die geschichtliche Entwicklung als beständiger als im nahen Gatow. Sie zeichnet folgendes Bild: Nach der Reformation und der damit verbundenen Ablösung aus klösterlichem Besitz wurde Kladow Eigentum der Kurfürsten von Brandenburg. Diese vergaben das Dorf als Erblehen, wobei das Gut u. a. auch einmal dem Alchimisten Kunkel zugesprochen wurde. Im Jahre 1799 fiel das Gut schließlich an den Potsdamer Kabinettsrat Anastasius Ludwig Mencken. Dieser, bereits unter Friedrich II. Kabinettssekretär und aufgrund seiner liberalen Gesinnung weiter in Diensten der preußischen Könige Friedrich Wilhelm II. und Friedrich Wilhelm III., erhielt durch ihn das Kladower Gut in Erbpacht. In diese Zeit (1800) fällt die Errichtung bzw. Umgestaltung des Gutsschlosses bzw. der aus dem 17. Jahrhundert stammenden Nebengebäude. Hierüber gibt es ein „hölzernes" Dokument. Eine Inschrift auf einem im Gutsbereich gefundenen Dachbrett trägt folgenden Text:
„Wilhelm Schar Zimmergesell aus Potsdam, Carl Schönemann Gesell allhier, Gizner aus Nowawes, Gesell, Nagelzdun ein Dressner fremder Zimmergesell und der Lehrbusch Müller von der Langen Brücke, haben 4 Wochen dar Holz zugericht und den Boden gelegt anno 1800 im Monath August. Schönemann wird sterben und das Haus wird bleiben – adje lebt wohl."
So sehr interessant auch die Nennung der am Bau Beteiligten für die Geschichtsforschung ist, so wenig erschöpfend sind die Angaben über den eigentlichen Baumeister. Daß der preußische Oberbaurat David Gilly an der Errichtung des Kladower Schlosses beteiligt war, hat sich bisher als Spekulation erwiesen.

Ein Jahr nach der Vollendung der Gutsanlage starb Ludwig Mencken. Das neunzig Morgen große Anwesen blieb noch einige Jahre im Besitz seiner Familie, die es, obwohl sie Neu-Kladow nur über einen relativ kurzen Zeitraum bewirtschaftete, zu einer lokalen Berühmtheit machen sollte. Wie von einer am Gutshaus angebrachten Inschrifttafel zu erfahren ist, verlebte Menckens Tochter Wilhelmine Luise in der Zeit von 1800 bis 1806 hier ihre Kindheit. Sie wurde die Mutter des späteren Reichskanzlers Otto von Bismarck.

In den nachfolgenden Jahrzehnten wechselte das Gut häufig seinen Besitzer. Kurz vor der Jahrhundertwende (1887) erwarb dann der Kalksandstein-Fabrikant und Zementindustrielle Robert Guthmann aus Wannsee den Kladower Besitz. Ursprünglich für dessen Tochter, die mit dem General von Morgen verheiratet war, umgebaut und eingerichtet, fiel das Gut nach Guthmanns Tod schließlich an seinen Sohn Johannes.

Mit dieser Übernahme sollte in Neu-Kladow eines der schillerndsten Kapitel aus der Geschichte des alten Lehnschulzengutes beginnen. Als neuer Rittergutsbesitzer empfing Johannes Guthmann die Prominenten seiner Zeit. Namhafte Künstler, von Slevogt bis Konrad Ansorge, gaben sich hier ein Stelldichein. Der Gutskomplex wurde durch Paul Schultze-Naumburg umgebaut. Der spätere Direktor der Staatlichen Kunsthochschule in Weimar schuf in den Jahren 1909/10 das Torhaus mit Wohnungen und Garagen, ein kleines Naturtheater sowie am Schloß selbst die Veranda und die schönen Rundtreppen.

Bemerkenswert ist der in diese Zeit fallende persönliche Kontakt zwischen dem Gutsherrn und dem Maler Max Slevogt. Innerhalb von zwei Wochen schuf dieser im Sommer 1911 in der von Schultze-Naumburg aus einer abgebrannten Scheune errichteten Gartenhalle mehrere Wandbilder, die 1923 in die Berliner Nationalgalerie überführt wurden.

Etwa zwei Jahrzehnte erfreute sich Guthmann seines Besitzes. 1928 verkauft dann seine Tochter Mary von Brandis nach schwierigen Verhandlungen das Gut an die Stadt Berlin. Für 12,3 Millionen Mark wechselte es am 25. Juli dieses Jahres den Besitzer unter der Prämisse, daß die einstige Eigentümerin ihr Wohnrecht im Gutshaus behalten sollte.

Der Berliner Magistrat, der jetzt das Grundstück verwaltete, wollte anläßlich des 50. Geburtstages des Physikers und Nobelpreisträgers Albert Einstein als Dank für dessen Verdienste um die Wissenschaft ihm das Haus übereignen. Jedoch durch unsachgemäße Dispositionen kam Einstein nie in den Besitz des ehemaligen Lehnschulzengutes. Als schließlich sich die politische Lage in Deutschland grundlegend wandelte, war es mit der Überschreibung endgültig vorbei. Bereits Anfang der 30er Jahre bemühten sich die neuen Herren in Deutschland um den Gutsbesitz. 1933 wollte in Neu-Kladow die SA ein Hilfswerk einrichten. Zwei Jahre später zog dann das Luftkreiskommando II in das Herrenhaus ein, und 1937 lag es in den Händen einer Fliegerersatzabteilung. Von nun an waren den neuen Machthabern jegliche Attribute, die von jüdischer Hand stammten, ein Greuel. Ein Opfer dieser Gesinnung wurde u. a. auch die Plastik „Der kleine Eselsreiter“, ein Werk des bekannten Bildhauers August Gaul, die vom Kladower Gutspark auf Umwegen in den Koeltzepark nach Spandau geschafft wurde und die schließlich nach 1955 im Spandauer Rathaus ihren vorläufig letzten Standort erhielt. – Nachdem während des 2. Weltkrieges für kurze Zeit eine Gasschutzschule im Gutshaus ihr Quartier bezogen hatte, fiel das Anwesen nach 1945 endgültig an den Staat zurück. Seitdem ist in der unter Denkmalschutz gestellten Anlage eine Filiale der Arbeiter-Wohlfahrt untergebracht.

6. Kladower Landschaftspflege um die Jahrhundertwende.
Mit diesem Beitrag soll der Lebensweg eines Mannes berührt werden, dessen Wirken im Spandauer Raum erst in den letzten Jahren durch eine Straßenbenennung gewürdigt worden ist. Es ist Paul Gallandi, der in Kladow sowohl künstlerisch wie auch praktisch tätig war.

Kladow, Dorf und Landhaussiedlung zugleich, beeindruckte nicht nur die im Ort Ansässigen, sondern vor allen Dingen auch die Besucher, von denen einige als „Zugereiste“ das stille Haveldorf als ständigen Wohnsitz wählten. Einer von ihnen war Paul Gallandi, der sich in Kladow eine Existenz aufbaute und hier dank seiner finanziellen Unabhängigkeit die Verwirklichung persönlicher Ideen auf dem Sektor der Landschaftsgärtnerei durchsetzen konnte.

Es wäre verfehlt, setzte man diesen Mann mit seinen berühmten Berliner Kollegen Lenné oder Meyer gleich. Gallandi hat jedoch in Kladow eine Kulturlandschaft geschaffen, die heute noch jeden Spaziergänger erfreut und darüber hinaus die Landschaftspflege im Dorf erstmals praktisch anwandte.
Die Familie mit dem romanisch klingenden Namen stammt aus Königsberg in Ostpreußen. Hier wurde Paul Gallandi 1877 geboren. Sein Vater, der als Baumeister in Magdeburg tätig war, wurde aufgrund seiner Tüchtigkeit zum Haupterben seines verstorbenen Arbeitgebers eingesetzt. Damit war der Grundstein für eine finanziell sichere Zukunft gelegt. Gallandis Sohn Paul trat jedoch nicht wie erhofft in die Fußstapfen seines Vaters; ihn reizte die Natur und die damit verknüpfte Arbeit im Landschaftsbau.
Um die Jahrhundertwende kam Paul Gallandi auf Umwegen nach Berlin. Ansässig wurde er auf dem „Cladower Sandwerder", dem heutigen Schwanenwerder. Von dort führte ihn der Weg zum gegenüberliegenden Dorf Kladow. In Zusammenarbeit mit dem Rittmeister Rüdiger von Brüning, Herr auf Brüningslinden an der Havel, entwickelte Gallandi eine äußerst ausgeprägte, dem Landschaftsschutz dienende Aktivität. Unter seiner Leitung und durch seine Initiative entstanden um 1914 die als Uferpromenade angelegte „Imchenallee" sowie die heute nicht mehr vorhandene „Pappelallee". Wahrscheinlich wären seine Bemühungen um eine schönere bzw. bessere Erhaltung des landschaftlichen Charakters von Kladow noch weiter fortgesetzt worden, wenn er nicht in den Weltkrieg gezogen und im Jahre 1917 bei Verdun gefallen wäre.
Als nach vielen Jahren ein Teil der Kladower Fuchsberge parzelliert wurde, benannte man einen Privatweg nach dem verdienstvollen Landschaftsgärtner. Der „Gallandiweg" (1962) hält somit die Erinnerung an einen Mann wach, der sich lange vor der heute oft propagierten Losung „Landschaftsschutz und Landschaftspflege" tatkräftig für die Erhaltung der märkischen Landschaft eingesetzt hat.

7. Vergessenes Brüningslinden.

Schloß Brüningslinden – ein etwas selbstbewußter Name! Betrachtete man aber die gesamte Anlage, so erschien diese Bezeichnung gar nicht so abwegig. Umgeben von einer Steinmauer lag das Landhaus oberhalb der Havel. Über die große Terrasse ging der Blick weit ins Land, kein Wunder also, daß dieses Gelände zum Bau eines hochherrschaftlichen Hauses reizte.

Das 20.000 m² große Grundstück wurde im Auftrage des Rittmeisters Rüdiger von Brüning, eines Sohnes des Chemikers und Industriellen der Farbwerke Hoechst, durch den Architekten Georg Siewert bebaut. Die Innenausstattung des feudalen Herrensitzes besorgte der Architekt Fritz Geppert, den plastischen Schmuck der Bildhauer Dammann. Das in den Jahren 1911/12 fertiggestellte Gebäude glich in seinen Stilformen einem Palais des 18. Jahrhunderts (Hotel particulier der Régencezeit) und war mit allen nur denkbaren Annehmlichkeiten ausgestattet. Zur Einweihung seines Herrensitzes ließ von Brüning ein Trompeterkorps der Roten Zietenhusaren von Rathenow, deren Kommandeur er war, aufmarschieren. Erhellt wurde der festliche Abend durch echte japanische Lampions, eine in der damaligen Zeit ungewöhnliche Beleuchtung, die den Geschmack jener Epoche widerspiegelte.

Kurz vor Ausbruch des 2. Weltkrieges wurde der Besitz verkauft. Die bekannte Berliner Weinfirma Gruban und Souchay erwarb 1939 Brüningslinden. Der Landsitz war mehrfach Ort von wichtigen politischen Ereignissen. Abgesehen davon, daß Kaiser Wilhelm II. oft in Brüningslinden weilte, zog das Landhaus in den nachfolgenden Jahren Staatsmänner aus aller Welt bei politischen Zusammenkünften an.

Am 28. 12. 1931 fand in Brüningslinden eine Konferenz zwischen dem deutschen Reichskanzler Heinrich Brüning und dem französischen Ministerpräsidenten Pierre Laval in Anwesenheit der Außenminister Julius Curtius und Aristide Briand statt. Aber auch für weitere politisch-militärische Ereignisse bildete Brüningslinden, inzwischen als exklusives Ausflugslokal ausgebaut, den Rahmen. Während des letzten Krieges hielt sich u. a. der bekannte deutsche Jagdflieger

Kladow/Brüningslinden: Blick auf den Innenhof des ehem. Landhauses „Schloß Brüningslinden“. Erbaut 1911/12, abgerissen 1973.

Adolf Galland im Landhaus auf, und 1945 war das Haus für kurze Zeit Hauptquartier des englischen Generalfeldmarschalls Montgomery. Nach Umsiedlung der britischen Einheit diente Brüningslinden dann als Quartier für politische Flüchtlinge, danach vorübergehend als Kinderheim (1947/1948).

Die verschiedenartige Nutzung und Aufgabenstellung denen Brüningslinden unterworfen war, machte eine Renovierung des gesamten Besitzes notwendig. In den Jahren 1950/51 wurde der einstige Herrensitz durch Fritz Freymann grundlegend überholt und sofort als Gaststätte wiedereröffnet. Über zwanzig Jahre erfreute sie die Ausflügler, aber selbst die Beliebtheit des im Gelände angelegten „Märchenwalds" konnte den Abriß des Landhauses nicht verhindern. Brüningslinden fiel 1973 der Spitzhacke zum Opfer.

8. Ein Bummel durch Gatow.

Die etymologische Interpretation des Ortsnamens Gatow läßt nach der heutigen wissenschaftlichen Erkenntnis drei Aussagen zu. Allen drei Deutungen liegt der slawische Wortschatz zugrunde, nämlich 1. Gotowo, Gothow bzw. Gothenort = Ort des Gothe, 2. aus einer Ableitung des Wortes „godny" = würdig, wert und 3. von „gotowac" = kochen. Die erste Definition ist für die Namensforschung am wahrscheinlichsten. Den Laien interessieren jedoch weit mehr die heutigen Realitäten, von denen wir bei einem Bummel durch das ehemalige Dorf Gatow einige streifen wollen.

Der Ort an der Havel ist eines der hübschesten Fleckchen innerhalb des Berliner Raumes. Zwar ist das alte Angerdorf nahezu unscheinbar, doch vermittelt es, an idyllischer Stelle gelegen, mit seinen hübschen Häusern und der mittelalterlichen Dorfkirche ein nicht uninteressantes Kapitel Spandauer Lokalgeschichte. Gatow selbst wurde 1272 erstmals urkundlich erwähnt. Obwohl noch die Bede, eine bei außerordentlichen Anlässen erhobene Steuer, bis 1351 der Landesherrschaft zugesprochen wurde, blieb das Dorf an der Havel von seiner Gründung bis zum Jahre 1540 im Besitz des Benediktinerinnenklosters zu Spandau. Danach wurde der Klosterbesitz in eine kurfürstliche Domäne umgewandelt und dem Amt in Spandau unterstellt.

Gatow/Gatower Straße 227: „Jaczo-Turm" auf dem Gelände der Berliner Entwässerungswerke. Erbaut etwa um die Jahrhundertwende.

Gatow blieb über Jahrhunderte hinaus ein bescheidenes Fischerdorf. Unberührt blieb es auch von einer intensiven Bebauung die erst in der Mitte des 19. Jahrhunderts zögernd einsetzte. Den Anstoß für eine langsam fortschreitende Besiedlung gab ein Sommerhaus auf der Weinmeisterhöhe, welches sich ein Herr von Bodenstein erbauen ließ. Neben weiteren Landhäusern und Villen aus der Zeit der Jahrhundertwende haben sich bis zum heutigen Tage in Gatow einige ältere Häuser erhalten, von denen das Bauernhaus Alt-Gatow Nr. 65 aufgrund seiner Bausubstanz und der heimatkundlichen Bedeutung schon vor Jahren unter Denkmalschutz gestellt wurde. Das zweigeschossige Gebäude entstand Ende des 19. Jahrhunderts.
Wer vom Ortskern aus seinen Weg in Richtung „Stadt" antritt, der passiert zwangsläufig die Gatower Straße und damit gleichzeitig den Spandauer Ortsteil Weinmeisterhöhe. An dem Grundstück der Berliner Entwässerungswerke (Gatower Straße Nr. 227) empfiehlt es sich, eine kurze Rast einzulegen, da hier ein „historisches Relikt" auf eine der bekanntesten Berliner Sagen hinweist. Gemeint ist die Schildhorn-Sage, jene Mär, die sich auf die gleichnamige Halbinsel auf dem gegenüberliegenden Havelufer bezieht.
Auf eine Gegenüberstellung von Wahrheit und Legende soll an dieser Stelle verzichtet werden, um die Illusionen des Spaziergängers nicht zu zerstören. Es gab nämlich vor fast sechzig Jahren einen phantasiebegabten Mitbürger, der unter einem nicht zu verachtenden finanziellen Aufwand sich der Sage annahm und die Jaczo-Flucht über die Havel monumental unterstrich. Da dieses Privatdenkmal weitgehend unbekannt ist, bei einem Bummel durch Gatow aber beachtet werden sollte, sei diese Rast empfohlen.
Neben den technischen Anlagen der Entwässerungswerke steht dicht an der Straße ein zinnenbekrönter, etwa vier Meter hoher Rundturm. Dieser markante, aus unbearbeiteten Feldsteinen und Industrieziegeln bestehende Turm wirkt in dem dichten Waldgelände wie ein Bergfried aus dem Mittelalter. In halber Höhe, an der Südostseite schmücken zwei Reliefplatten das Mauerwerk. Die Inschriftplatte hat folgenden Wortlaut: „Has per fauces Jaczo, princeps Slavorum ab Alberto Urso pulsus ad Havelam evasit Anno

Domini MCLVII." Wörtlich übersetzt bedeutet es soviel wie „Durch diese Schlucht wurde Jaczo, der Wendenfürst, im Jahre des Herrn 1157 von Albrecht dem Bären verfolgt und in die Havel getrieben." Über dieser Platte befindet sich ein Flachrelief, das den Wendenfürsten mit seinen lanzenschwingenden Verfolgern darstellt. An der östlichen Türöffnung ist außerdem noch ein Bärenwappen angebracht.
Daß dieser kulturgeschichtlich unbedeutende, jedoch für den Betrachter reizvolle Bau auch heute noch eine liebenswerte Erinnerung darstellt, verdankt er letztlich seiner abgeschiedenen Lage. Auf dem der Allgemeinheit nicht zugänglichem Gelände bleibt der „Jaczo-Turm" hoffentlich recht lange noch vor unliebsamen Einflüssen verschont. Obwohl sein Bauherr, der Architekt bzw. der Bildhauer sowie der private Anlaß, der den Bau des Turmes ermöglichte, nie der Öffentlichkeit bekannt geworden ist, stellt das Bauwerk eine hübsche symbolische Erinnerung an die Schildhorn-Sage dar.

XIV. Rund um die Pichelsberge

1. Geschichten aus Pichelsdorf und Bocksfelde.
Von der äußerst stark besuchten Heerstraße, jener in den Jahren 1906/10 von den Städten Charlottenburg und Spandau angelegten Verkehrsader zum Truppenübungsplatz Döberitz (1895), gelangt man nach Überquerung der Stößensee Brücke (1908) und der Freybrücke (1909) zu einem beliebten Ausflugsgebiet der Spandauer Bevölkerung: Pichelsdorf. Die 1375 erstmals urkundlich erwähnte Fischersiedlung verdankt seit altersher ihre Anziehungskraft auf die Menschen ihrer exponierten geographischen Lage. Zwischen Havel und Scharfer Lanke gelegen, haben sich auch in jüngster Zeit an den Ufern der Gewässer zahlreiche Wassersportvereine niedergelassen.
Bei einem Gang durch das ehemalige Gassendorf, das als Pychelstorp, Pichelstorff und Pigelstorff in alten Landbüchern aufgeführt ist, fällt ein in „preußischgelb" gehaltenes Gebäude auf. Es ist die ehemalige Gaststätte „Zur Post", Alt-Pichelsdorf Nr. 6a, ein zweistöckiger Bau aus dem Jahre

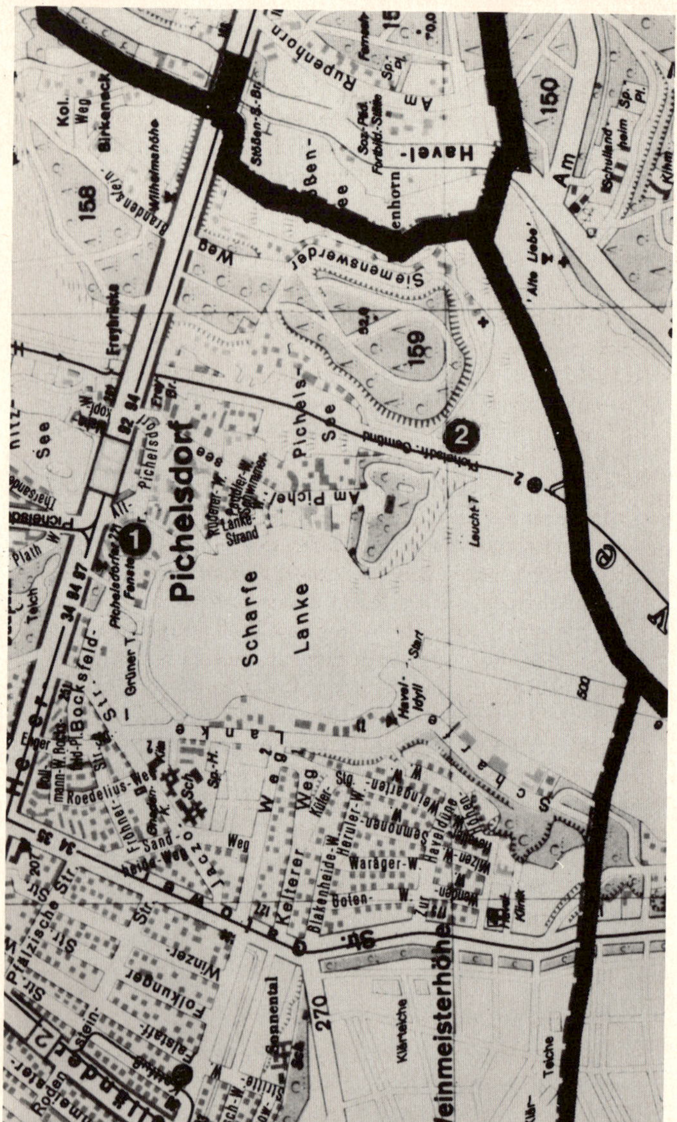
Pichelsdorf
Scharfe Lanke
Weinmeisterhöhe
Siemenswerder
Pichelssee
Rupenhorn
Havel-
Birkeneck
Wilhelmshöhe
Bocksfeld-
Kelterer Weg
Winzer-
Folkunger
Havel-Idyll
Alte Liebe
Klärteiche
Sennental
Teich
Grüner T.
Leucht-T
Start

1888, der stilistisch der klassizistischen Bauweise Schinkels entspricht. Wenige Schritte weiter, Alt-Pichelsdorf Nr. 32, steht das weit über die Grenzen des Ortes bekannt gewordene Wirtshaus „Historischer Weinkeller“, ein niedriges Gemäuer, dessen Entstehung vermutlich in das Jahr 1786 fällt. Nur eine Legende ist die häufig zitierte Geschichte von der Gründung einer „neuen“ Berliner Universität in diesem Haus. Durch das ihnen auferlegte Gebot, jegliche politischen Aktivitäten zu unterlassen, sollen um 1815 einige Berliner Studenten die akademische Ausbildungsstätte Unter den Linden verlassen haben, um in dem von ihnen auserkorenen Gasthaus an der Scharfen Lanke den Grundstein für ein adäquates Lehrinstitut zu legen. Der Traum von einer „Gegen-Universität“ habe aber bald darauf begraben werden müssen, als eine Polizeitruppe aus Berlin dem Treiben ein Ende bereitete.
Hatte diese Episode eher eine skurrile als eine politische Tendenz und wurde sie demzufolge von der Bevölkerung nur mit einem Schmunzeln bedacht, so brachten die nachfolgenden Jahre dem stillen Fischerdorf wesentlich aufregendere Zeiten. Noch vor der Jahrhundertwende erlebte Pichelsdorf den spontanen Aufschwung zum Berliner Industrievorort, als der wohlhabende Berliner Rentier Busse zwischen dem Pichelssee und der Scharfen Lanke eine Brauerei anlegen ließ. Das Unternehmen, aus dem später die Radeberger Exportbrauerei hervorging, „exportierte“ u. a. auch ihre Erzeugnisse per Schiff nach Berlin. Die Folge davon war, daß sich in kürzester Zeit am Seeufer Gartenlokale etablierten.
Ein weiterer Schritt zur industriellen Erschließung des Geländes war der Ausbau bzw. die Entstehung der „Wilhelmstadt“ sowie die etwa zur gleichen Zeit erstellte Anlage einer Pferdeomnibuslinie (1877). Ferner entstand 1882 in Pichelsdorf eine Porzellanfabrik (heute W. Haldenwanger)

Rund um die Pichelsberge.

1. *Alt-Pichelsdorf 6a (Gasthof „Zur Post“) und Alt-Pichelsdorf 32 („Historischer Weinkeller“) sowie Bocksfeldplatz.*
2. *Pichelsdorf (Ober- und Unterhavel).*

Fahrverbindungen: Buslinien 34, 92, 94, 97.

und ein Kranbauunternehmen, welches nebenher eine kleine Schleppdampferflotte betrieb.
Wie diese Entwicklung in Zahlen ausgedrückt wird, zeigt folgende Statistik: Das 1375 gegründete Dorf war der Burg in Spandau dienstpflichtig; bereits 1590 lebten im Ort „14 Fischer incl. Schulze", die die Fischerei durch einen „Zettel" (Urkunde) von 1535 ausüben durften. 1708 zählte Pichelsdorf schon 15 Kossäten; 1772 einen Bauern und nur vier Kossäten, zusammen mit den Fischerfamilien lebten im Dorf 149 Menschen. Fast dreißig Jahre später (1800) hatte Pichelsdorf 26 Feuerstellen und einen Krug; an Personen wurden in dieser Zeit ein Lehnschulze, 15 Fischer, vier Einlieger und ein Schiffer aufgeführt.
Den eindrucksvollsten Beweis der sprunghaft veränderten Bevölkerungsstruktur liefert die Statistik aber aus dem Jahre 1894. Mit dem Beginn des modernen Zeitalters wurde das verschlafene Fischerdorf zur Domäne einer illustren Gesellschaft. Hierzu folgende Aufzeichnungen:
Das inzwischen dem Gemeindebezirk Spandau unterstellte Dorf, mit der Häusergruppe „Scharfelanke" und dem Gasthaus „Weinmeisterhorn", beherbergte nachstehend aufgeführte Personen:
9 Fischereibesitzer, 3 Schiffbauer, 1 Schiffsführer, 1 Brauereidirektor, 1 Oberbrauer, 11 Brauer, 1 Ingenieur, 1 Inspektor, 1 Maschinenbauer, 1 Techniker, 9 Fabrikarbeiter, 3 Buchhalter, 1 Büroassistenten, 1 Depotverwalter, 1 Arbeiter, 2 Porzellandreher, 1 Büffettier, 5 Restaurateure, 2 Bäckermeister, 2 Böttcher, 2 Gärtner, 2 Maurer, 1 Sattler, 3 Schlosser, 1 Stellmacher, 1 Tischlermeister, 1 Tischler, 1 Tischlergesellen, 2 Zimmerleute, 1 Zimmergesellen, 1 Kaufmann, 1 Handelsmann und Eigentümer, 1 Lehrer, 1 pensionierten Polizeiwachtmeister, 1 Pensionär, 2 Rentiers und 3 Witwen.
Wenn diese Aufzählung auf den ersten Blick auch verwirrend wirkt, so gibt sie doch in eindrucksvoller Form Auskunft über die Vielfalt der Berufe, die von der Pichelsdorfer Bevölkerung im ausklingenden 19. Jahrhundert ausgeübt wurden. Wesentlich anders sah es dagegen zur selben Zeit in dem benachbarten „Wohnplatz" Bocksfelde aus.
Bereits die geschichtliche Entwicklung beider Siedlungen ist nicht miteinander vergleichbar. Während Pichelsdorf auf

eine jahrhundertealte Vergangenheit hinweisen kann, ist Bocksfelde als winzige Ansiedlung erst Mitte des 19. Jahrhunderts entstanden.
Der Ort, wenn man Bocksfelde als solchen überhaupt bezeichnen kann, liegt etwa zwischen der Scharfen Lanke und der Heerstraße. Er ist heute aufgrund der längst erfolgten Zusammenschmelzung des Stadtgebietes in Pichelsdorf integriert. Nur eine Straße und ein Platz tragen noch die Bezeichnung der einstigen kleinen Kolonie, deren Name aber, geschweige deren geschichtliche Entwicklung, nur wenigen bekannt sein dürfte. Dennoch verbirgt sich hinter dem Namen „Bocksfelde" der Pioniergeist eines Mannes, der wie viele seiner Zeitgenossen durch tatkräftigen Einsatz und unternehmerischen Weitblick aus einem wenig besiedelten Gelände einen eigenen Gemeindebezirk geschaffen hat.
Namenspatron und Gründer zugleich war der Maurermeister Johann Abraham Bocksfeld aus Spandau. Durch Kirchenneubauten (z. B. in Schmöckwitz bei Grünau, 1799) und Instandsetzungsarbeiten an beschädigten Sakralbauten (u. a. an der Spandauer Johanneskirche, 1799) zu Geld gekommen, erwarb Bocksfeld im Jahre 1808 in der Nähe der Scharfen Lanke einen Geländestreifen. Hier errichtete er zunächst eine Kalkbrennerei und wenig später, inzwischen zum ersten Spandauer Stadtverordnetenvorsteher gewählt (1809), einen Ziegeleibetrieb. Die Gründung dieser Unternehmen kam aber nicht von ungefähr. Bereits 1791 stand auf dem Gelände eine Windschneidemühle, die das Holz von der „Königlichen Nutz-Holz-Niederlage" auf dem Pichelswerder verarbeitete. An ihre Stelle trat kurze Zeit darauf eine wesentlich rentabler arbeitende Lohmühle.
Bocksfelds Ziegel- und Kalkofen bestand bis zu seinem Tode im Jahre 1852. Von dem Handwerksbetrieb anscheinend wenig angetan, wandelten seine Erben den Besitz in ein Gut um. Das Gelände wurde fortan landwirtschaftlich genutzt, bis es etwa um die Jahrhundertwende in das Blickfeld von Grundstücksspekulanten fiel. Auf den Bocksfelder Ländereien sollten Industriebetriebe entstehen. 1911 erging jedoch eine Verordnung, das Gebiet nur für eine landhausmäßige Bebauung zu erschließen. So kam es, daß der weitläufige Landbesitz von Kolonisten und Wassersportlern (Sportang-

lerverein 1902 und Segelklub „Marchia") genutzt wurde. 1907 verkauften schließlich die letzten Privatbesitzer (Bernsteinsche Erben) das Bocksfelder Gebiet an die Stadt Spandau.
Damit schien der Schlußstrich unter die historische Entwicklung des Wohnplatzes Bocksfelde gezogen zu sein. Doch es kam anders! Bereits zwanzig Jahre später erinnerte man sich des Namens Bocksfeld. Die Siedlungsgenossenschaft der Polizei- und Strafanstaltsbeamten, Spandau, gründete die Siedlung Bocksfelde. Hier war geplant, nach dem Entwurf des Architekten Carl Jacobs 92 kleine Häuser mit ca. 200 Wohnungen zu errichten. Jedoch kam das privatwirtschaftliche Unternehmen bald in finanzielle Schwierigkeiten und mußte ein Jahr nach seiner Gründung Konkurs anmelden. Inzwischen waren aber schon 58 Wohnungen gebaut worden. Das restliche Bauland erwarb schließlich die Postheimstätten-Gesellschaft, die ihrerseits das Gelände um den Bocksfeldplatz mit Einfamilien-Reihenhäusern bebaute. Nach 1958 entstanden weitere Neubauten von dieser Gesellschaft an der Heerstraße.
Wer heute nun durch diesen bereits 1846 als „Etablissement Boksfelde" genannten Siedlungsbereich streift, der wird kaum etwas von der Vergangenheit dieser Kolonie spüren. Lediglich die oben genannten kleinen Verkehrswege und der Eigenname der Siedlung, der durch Übertragung des uns bereits bekannten Familiennamens auf das Gelände noch dadurch erleichtert wurde, daß er mit der Silbe „-feld" endet und damit einem Flurnamen sehr ähnlich ist, sind die „historischen" Relikte. Wer dagegen aber meint, daß das auf dem benachbarten Königsplatz aufgestellte Denkmal eines Böckchens der Erinnerung an den Maurermeister gelten soll, der irrt. Das kleine Standbild wurde von der Wochenendsiedlung und Wassersportvereinigung Bocksfelde e.V. gestiftet, die es aber wahrscheinlich doch als eine symbolische Erinnerung an Johann Abraham Bocksfeld verstanden wissen will.

2. Von der Ober- in die Unterhavel zum Pichelswerder.

Am Endpunkt unserer Spaziergänge durch Charlottenburg und Spandau angelangt, wollen wir die heimatkundlichen Plaudereien mit einer Fahrt auf einem der zahlreichen Berli-

ner Fahrgastschiffe beschließen. Bevor wir uns von der Ober- in die Unterhavel einschiffen lassen, möge ein historischer Rückblick an den Anfang gestellt sein.
Die Havel ist bekanntlich von der eben genannten Stelle bis nach Pichelsdorf kanalisiert. Der schon seit dem 13. Jahrhundert überlieferte Stau der Havel in Spandau ist für die Gestaltung des heutigen Kanalnetzes hinsichtlich der Einteilung und Wasserspiegellage seiner Haltungen von entscheidender Bedeutung gewesen. Wie z. B. auch die Spree so hat auch die Havel mehrere Staustufen. So wird die Haltung der Oberhavel von der Staustufe Spandau abgeschlossen. Damit jedoch das Wasser der Oberhavel nicht über den Hohenzollernkanal in die Spreehaltung der Staustufe Charlottenburg abfließt, wurde die Errichtung der Plötzenseer Schleuse erforderlich. Der Stau der Unterhavel wird dagegen von der Staustufe Brandenburg bestimmt. Diese wassertechnische Regelung durch die Spandauer Schleuse stellt also deutlich die Begriffe Ober- und Unterhavel heraus. Während nun die Ausflugsdampfer und Frachtschiffe sowie die Sportboote in dem siebzig Meter langen und etwa zehn Meter breiten Schleusenbecken liegen, wird durch Regulierung der Oberhavel der Höhenunterschied des Wasserspiegels von fast zwei Metern ausgeglichen. Wenn das Schleusentor geöffnet ist, geht die Fahrt, vorbei an Wohn-und Industriegebieten, weiter in Richtung Pichelsdorf. Vorbei an den Ortsteilen Klosterfelde und Stresow, dem alten Fischerdorf Tiefwerder und dem Grimnitzsee unterfährt man die Freybrücke und gelangt kurz darauf in den Pichelssee. Dieser See, durch den die kanalisierte Havel führt, liegt inmitten einer breiten Halbinsel, die jedoch durch den Fluß in zwei langgestreckte Landzungen geteilt ist. Beiden Gebieten, rechts dem alten Fischerdorf Pichelsdorf und links dem Pichelswerder, soll im folgenden unsere Aufmerksamkeit gelten.
Südwestlich der Freybrücke beginnt der Ortsteil Pichelsdorf, der im Norden von der Heerstraße und im Westen von der Potsdamer Chaussee begrenzt wird. Östlich umschließt er die Scharfe Lanke, eine Ausbuchtung der Havel. Den Dorfkern bildet Alt-Pichelsdorf, dessen erste Erwähnung im Landbuch Kaiser Karls IV. vom Jahre 1375 als „Pychelstorp“ erfolgte. Das Dorf war über Jahrhunderte hinaus dem

Schloß Spandau zu Diensten verpflichtet. Durch das Gesetz des Preußischen Landtags vom 27. 4. 1920, in dem die Groß-Berliner Eingemeindung festgelegt wurde, fiel Pichelsdorf dann endgültig an den Verwaltungsbezirk Spandau.

Charakteristisch für die Landschaft um Pichelsdorf ist heute der Wassersport, der die Havelufer von der Scharfen Lanke bis hin zum Stößensee vollkommen durchsetzt hat. Vom Ufer der Scharfen Lanke machte auch einst eine bedeutende technische Entwicklung von sich reden. In dieser seenartigen Ausbuchtung des Flusses, die in alten Urkunden als „zarna lacus“ (Schwarzer See) aufgeführt ist, wurde das erste Dampfschiff Preußens gebaut. 1815 erhielt der Engländer John Barnett Humphrey vom preußischen Staat das Patent zur Ausübung einer Flußschiffahrt mit Dampfschiffen. Humphrey legte am 29. Juni 1816 das erste Schiff in Pichelsdorf auf Kiel, und bereits am 14. September fand der Stapellauf der „Prinzessin Charlotte“ statt, die für den Dampfbetrieb auf der Strecke Potsdam-Spandau-Berlin vorgesehen war.

Bevor Pichelsdorf unter diesen technischen Aspekten stand, trat der Ort schon einige Jahre in das Blickfeld der Öffentlichkeit. Der zwischen dem Dorf und dem Werder gelegene Pichelssee, der heute zu dem Pichelsdorfer Gemünd gehört, hieß Anfang des 19. Jahrhunderts noch „der Sack“, und hier geschah das im folgenden beschriebene „Sackwunder“: Infolge eines heftigen Gewitters trat am 17. Mai 1807 eine kleine Insel zutage. Das Eiland war „50 Schritt lang, 15 Schritt breit und mit Fischen, Muscheln und Schnecken bedeckt“. Ein Teil des Schlammes sank bald darauf wieder ab, während der Rest mit dem Pichelsdorfer Ufer landfest wurde. Diese Begebenheit zog naturgemäß viele Menschen an, denn das angeblich unter dem Wasser brennende Feuer, wollte jedermann zu Gesicht bekommen.

Wer dieses „Sackwunder“ gesehen haben mag, läßt sich heute schwer feststellen. Eines ist aber sicher: der Pichelsdorfer Krugwirt machte mit dieser Mär das Geschäft seines Lebens! Bekannt ist weiter, daß der zur damaligen Zeit in Berlin lebende, in Gardelegen geborene plattdeutsche Volksdichter Wilhelm Bornemann über das Wunder am Pichelssee einen Vers gemacht hat der uns heute wie folgt überliefert ist:

„Dor hätt de Insel Geld mitbracht / de Pichelsdörpsche Kröger lacht, Recht kobboldmäßig in de Fuust / dät he oft sön Krater pruust, Veer Groschen – gult de Pulle Beer! / un doch, wenn äm de Haavel weer, To Hand nich west mit gooden Roath / verdörst' weer alles oahne Gnoad".

Wenn nun dieses „Wunder" heute auch recht zweifelhaft erscheint, der havelländischen Sagenwelt tut das auf keinen Fall Abbruch.

Der östlich des Sees gelegene Pichelswerder unterstreicht dagegen mit seiner zum Naturschutzgebiet erklärten Landschaft die ursprünglich wilde Romantik der Uferzone. Bis kurz vor dem 1. Weltkrieg führte vom Grunewald aus eine Pontonbrücke zum Pichelswerder, auf der man gemächlichen Schrittes von Ufer zu Ufer wandeln konnte. Heute gehört diese „Sechserbrücke" längst der Vergangenheit an, dafür hat das Gemünd aber eine weitaus modernere Sehenswürdigkeit erhalten. Hier steht Berlins einziger Leuchtturm! Das Stahlgerüst mit seinen Positionslampen dient der Schifffahrt als Markierungspunkt, und man fragt sich dabei unwillkürlich, wie wohl die Schiffer, Flößer und Fischer in den vergangenen Jahrhunderten diese geheimnisvolle Enge passiert haben.

XV. Erklärung einiger im Text vorkommender Fachausdrücke

Allegorie: griech., bildliche Darstellung eines abstrakten Begriffes. „Allegorische Figuren“ sind z. B. Personifizierungen von Tugend, Laster, Kunst, Wissenschaft usw.

Apokalypse: griech., Enthüllung, Offenbarung.

Arkaden: lat. arcus – Bogen, Bogenstellung oder fortlaufende Reihe von Bogen auf Pfeilern, z. B. Aquädukt (antike Wasserleitung in Gestalt einer Bogenbrücke).

Barock: franz. baroque – schiefrund. Im 18. Jh. spottend auf den Baustil des 17.–18. Jh. angewandt; dann allgemein für die künstlerische Leistung dieser Zeit gebraucht. In Deutschland von 1650 bis 1800.

Biedermeier: Bezeichnung für den Lebens- und Wohnstil im deutschen „Vormärz“ (1815 bis 1848). Hauptsächlich in Malerei und Möbelkunst vertreten. Ursprünglich eine scherzhafte Verbindung zu Viktor von Scheffels „Biedermann“ und „Mummelmeier“, zwei deutsche Philistertypen.

Cottage-Häuser: Landhäuser im englischen Baustil.

Glacis: franz., deckungsloses Festungsvorgelände.

Großgarn: fischereitechnische Bezeichnung für ein spezielles Fischfangsystem.

Gründerzeit: Folge der Aufhebung der Zünfte im 19. Jh. mit wachsendem Neureichtum in Industrie und Handel. Der „Gründerstil“ gehört zum „Historismus“ des 19. Jh., der mangels eigener Kraft zur Stilbildung die Architekturformen der vergangenen Epochen nachahmte (besonders nach dem deutschen Sieg von 1871).

Gurtgesims: aus der Mauer hervortretender waagerechter Streifen zur Betonung der waagerechten Bauabschnitte.

Jugendstil: deutsche Kunstströmung um die Jahrhundertwende (nach der Münchener Zeitschrift „Jugend“, seit 1895). Der J. überwindet den geistlosen Historismus des 19. Jh., z. B. den der Gründerzeit.

Kapitell: lat. capitulum – kleiner Kopf, oberster Teil (Kopf) von Säulen und Pfeilern am Treffpunkt von Stütze und Last.

Kaskade: ital.-franz. cascata – Fall, kleiner Wasserfall über mehrere Stufen.

Klassizismus: Kunstrichtung, die die Nachahmung antiker Kunstformen anstrebt; im besonderen Stilrichtung in der Zeit des ausgehenden 18. bis zur Mitte des 19. Jh. In Deutschland von 1770 bis 1830.

Klosterformat: von Mönchen hergestellte bzw. benutzte Ziegelsteine in den Abmessungen 10–10,5 x 12,5–13,5 x 29–31 cm. Das Baumaterial fand im Mittelalter seine Verwendung.

Konsole: franz., aus der Mauer vorspringender Tragstein für Balkone, Figuren, Balken usw.

Korbbogen: gewölbte Konstruktion in einer Maueröffnung oder Halle, die eine Last abfängt bzw. auf Stützen überleitet. Der K. wurde hauptsächlich in der Renaissance aufgeführt.

Krüppelwalm: Dachkonstruktion, bei der der Giebel nur im unteren oder oberen Teil durch Dachflächen ersetzt wird. „Abwalmen" – Herunterführen des Dachs über die Giebelseiten.

Krypta: griech. – verborgen. Gruft unter dem Altarraum christlicher Kirchen.

Lohmühle: Loh, Löhen bzw. Lohhen – Gebüsch bzw. Sumpfwiese. Die L. ist eine landwirtschaftliche Einrichtung (Mühle), die sich in einer sumpfigen bzw. mit Sträuchern bestandenen Gegend befindet.

Mezzanin: ital., niedriges Halb- oder Zwischengeschoß unter dem Dach oder über dem Erdgeschoß.

Parochie: mittellat. parochia – Sprengel, Pfarrei.

Pergola: ital., Laube aus Pfeilern oder Säulen, deren offene Holzdecke meist Rankengewächse trägt.

Rayon: franz., Bezirk, Vorgelände einer Festung.

Renaissance: franz. Wiedergeburt. Die von Italien im 14. Jh. ihren Ausgang nehmende Kulturwende vom Mittelalter zur Neuzeit. In Deutschland 16./17. Jh.

Retiraden: franz., Rückzug, hier Abort.

Risalit: ital. risalto – Vorsprung. Ein aus der Fluchtlinie eines Baukörpers in seiner ganzen Höhe vortretender Gebäudeteil.

Simultan: lat. simul – zugleich. Simultankirche – Kirche zur gleichberechtigten Benutzung verschiedener Bekenntnisse.

Tabernakel: lat. tabernaculum – Zelt, Hülle, Schutzdach für Altäre, Statuen, Grabmäler usw. Aufbewahrungsort der Hostien (lat. hostia – Opfer (-tier)).

Terrakotta: ital. gebrannte Erde. Unglasierte keramische Erzeugnisse für Kunst, Kunstgewerbe und Gebäudeschmuck. Wegen ihrer Wetterbeständigkeit als „Bau-Keramik" verwendet.

Urbanität: lat. urbanus – städtisch, weltmännisch bzw. Lebensart.

XVI. Literaturverzeichnis

Baedeker, K.: Reisehandbuch „Berlin", Freiburg 1964.
Enders, L.: Historisches Ortslexikon für Brandenburg, Teil III „Havelland", Böhlaus, Weimar 1972.
Fontane, Th.: Irrungen – Wirrungen, Nymphenburger Verlagsbuchhandlung GmbH, München 1969.
Helbich, P. u. Gnewuch, G.: Pichelsdorf – Chronik von Ort und Kirchengemeinde, W. Bartos, Berlin 1971.
Hengsbach, A.: „725 Jahre Spandau" – Straßenchronik, Gesellschaft Wirtschaftshof Spandau e.V., 1957.
Ingwersen, E.: Standbilder in Berlin, Haude u. Spenersche Verlagsbuchhandlung Berlin, 1967.
Jahn, G.: Die Bauwerke und Kunstdenkmäler von Berlin – Stadt und Bezirk Spandau, Gebr. Mann Verlag, Berlin 1971.
Katzur, K.: Berlins Straßennamen, Haude u. Spenersche Verlagsbuchhandlung Berlin, 1969.
Kienle, R. v.: Fremdwörter Lexikon, Bertelsmann, Gütersloh 1964.
Koch, W.: Kleine Stilkunde der Baukunst, Bertelsmann, Gütersloh 1968.
Krumholz, W.: Berlin ABC, Verlag Dokumentation, Berlin/München 1969.
Pauls, W. u. Tessendorff, W.: Der Marsch in die Heimat, Heimatbuch des Bezirks Berlin-Reinickendorf, Diesterweg, Frankfurt/M. 1937.
Rentschler, D. u. Schirmer, W.: Berlin und seine Bauten, Teil IV Wohnungsbau, Architekten- u. Ingenieur-Verein zu Berlin, W. Ernst u. Sohn, Berlin/München/Düsseldorf 1975.
Schlimpert, G.: Brandenburgisches Namenbuch, Teil 3 „Die Ortsnamen des Teltow", Böhlaus, Weimar 1972.
Schultze, J. H.: Stadtgeographischer Führer Berlin (West), Gebr. Borntraeger, Berlin/Stuttgart 1972.
Weber, K. K.: Berlin und seine Bauten, Teil XI Gartenwesen, Architekten- und Ingenieur-Verein zu Berlin, W. Ernst u. Sohn, Berlin/München/Düsseldorf 1972.

Wirth, I.: Die Bauwerke und Kunstdenkmäler von Berlin – Stadt und Bezirk Charlottenburg, Gebr. Mann Verlag, Berlin 1961.

Weitere Publikationen:
Berlin – die Stadt am Wasser, Senator für Bau- u. Wohnungswesen, Berlin 1963.
Berliner Verkehrsbetriebe (BVG), Winterfahrplan Oktober 1975.
Chronik der Firma Fürstenbrunn, Berlin 1969.
Gesetz- und Verordnungsblatt für Berlin, Senator für Justiz, Berlin-Schöneberg 1971.
„Maria Regina Martyrum", Morus-Verlag, Berlin 1967.
Siemens-Mitteilungen Nr. 167, November 1955, Hertlein, H.: Baurat Janisch zum 65. Geburtstag.
Wille, K.-D.: Artikelserien im „Spandauer Volksblatt Berlin": „Spaziergänge am Sonntag", 1970/75, „Berliner Havelinseln", 1971, „Kleines Berliner Lexikon", 1973.
Persönliche Mitteilungen der Bauaufsichts-, Vermessungs- und Kunstämter aus den Bezirken Charlottenburg und Spandau, von der Direktion der Berliner Wasserwerke sowie von Herrn Johannes Müller (+ 1967), ehemals Leiter des Spandauer Kunstamtes.